Récits de voyage I

Le Nouveau Monde

Le récit de voyage
dans la même collection

Le Nouveau Monde
(Récits de voyage I)

Marco Polo : Les Merveilles de l'Orient
(Récits de voyage II)

Récits de voyage I
Le Nouveau Monde

Histoire d'un voyage fait en la terre du Brésil

par Jean de Léry

Présentation, adaptation, chronologie, notes, dossier-lecture et dossier-jeu par Caroline Trotot

Étonnants Classiques

GF Flammarion

Une étude de ce texte est disponible dans
le *Guide de l'enseignant*, Étonnants classiques, 1998.
Ce guide peut être obtenu gratuitement, dans la limite des stocks disponibles, auprès des éditions Flammarion.
Service Enseignants
26, rue Racine, 75278 Paris Cedex 06
Timbres-poste de 12 francs à joindre à la demande.

Illustrations de Joëlle Jolivet

ISBN : 2-08-072077-5
ISSN : 1269-8822

Histoire d'un voyage fait en la terre du Brésil (extraits)

UN NOUVEAU MONDE

On a peine à se l'imaginer, au XVe siècle, pour un Européen,

l'Amérique n'existe pas. Le monde est constitué par l'Europe dont on ne connaît pas toujours bien les confins, par l'Afrique dont on ne saura la forme exacte qu'après la découverte par Vasco de Gama de la route maritime qui permet d'atteindre l'Inde en contournant l'Afrique par le cap de Bonne-Espérance, et enfin par une Asie mal connue mais dont les richesses font rêver depuis les récits de Marco Polo.

La découverte de l'existence d'un continent à l'ouest entre l'Europe et l'Asie, entre l'océan Atlantique et l'océan Pacifique, bouleverse donc la représentation que l'on se fait alors du monde. On aimerait pouvoir dire que tout change à partir de 1492 quand Colomb découvre les Antilles. En fait ce n'est pas si simple. Car il faut distinguer la découverte objective telle qu'on peut l'analyser aujourd'hui, qui nous permet de dire que Colomb a découvert l'Amérique, et la façon dont les hommes de cette époque ont perçu cette découverte et celles qui l'ont suivie. Quand Colomb découvre les Antilles il croit avoir atteint Cipangu, c'est-à-dire le Japon décrit par Marco Polo. Quand Cabral découvre le Brésil en 1500, il emprunte une nouvelle route maritime pour gagner l'Inde en contournant l'Afrique. L'Amérique s'appelle alors les Indes occidentales, Indes de l'Ouest, qui forment une étape vers les Indes orientales. L'histoire même de ce nom Amérique est symbolique. C'est un géographe, Waldseemüller, qui, en 1507, nomme ce continent Amérique du nom de l'explorateur Amerigo Vespucci dont il pense alors qu'il a été le premier à découvrir l'Amérique car il ne connaît pas encore les voyages de Colomb. Rectifiant son erreur quelques années plus tard, il renoncera à cette appellation mais elle s'imposera pourtant à la fin du XVIe siècle. La découverte du Nouveau Monde se fait donc en plusieurs étapes et elle ne prend de poids que lorsque les explorateurs reviennent en Europe et que leurs récits sont analysés. Il ne suffit pas qu'il y ait découverte, il faut qu'on prenne conscience qu'il y a découverte.

PRISE DE CONSCIENCE, PRISE DE POUVOIR

Or dans un premier temps l'action prime sur la réflexion.

Les découvreurs sont engagés dans une course pour que le roi qui est leur commanditaire prenne possession d'un maximum de nouvelles terres afin d'en tirer des richesses et de transformer les habitants indigènes en sujets chrétiens. Dans cette rivalité où s'affrontent surtout l'Espagne et le Portugal, la papauté joue un rôle d'arbitre qui se manifeste par le traité de Tordesillas en 1494 qui attribue à l'Espagne toutes les terres découvertes ou à découvrir au-delà d'une ligne méridienne passant à 370 lieues des îles du Cap-Vert. C'est cette ligne de partage qui placera le Brésil, quand il sera découvert, sous influence portugaise et non espagnole. Ce partage entre Espagnols et Portugais n'empêchera ni les Français ni les Anglais de mener eux aussi des voyages d'exploration, voire d'implanter des colonies de peuplement. L'essentiel est de comprendre que les Européens transposent donc immédiatement au Nouveau Monde leurs rivalités et leurs guerres, que cette découverte même n'est vécue que par rapport aux problèmes politiques européens de l'époque. Il s'ensuivra une colonisation violente dans la plupart des territoires découverts par les Espagnols qui, conjuguée avec les maladies transmises par les Européens, fera des millions de morts.

La transposition des problèmes européens au Nouveau Monde passe aussi par la question religieuse qui agite tout le XVIe siècle. En effet, d'une part, les catholiques s'interrogent sur le comportement que doit avoir un chrétien face aux Indiens, d'autre part, les protestants qui, derrière Luther et Calvin, se sont séparés de la papauté pour vivre leur foi autrement cherchent au Nouveau Monde un refuge possible, loin des guerres de religion.

C'est sans doute à travers ces questions religieuses que certains élaborent une réflexion sur ce qu'est le Nouveau Monde et commencent à remettre en cause les actes violents des colonisateurs prétendant œuvrer pour Dieu. De ce courant témoignent les violentes dénonciations écrites par l'évêque Las Casas.

RÉCITS DE VOYAGE, TÉMOIGNAGES ET ESSAIS

Qu'est-ce que ce Nouveau Monde dont on cherche à s'emparer ?

Qui sont ces hommes qui le peuplent ? Voilà les questions qu'il a fallu se poser pour que ce Nouveau Monde ne soit pas seulement un continent tracé sur une carte, pour qu'il soit véritablement découvert par les Européens de la Renaissance. Les textes que nous avons réunis ici posent ces questions à travers le regard qu'ils portent sur les sauvages et sur leurs terres, sur ce Nouveau Monde qu'on appelle aussi « autre monde ». Or s'interroger sur l'autre c'est s'interroger sur ce qui me sépare de l'autre, mais aussi sur ce qui m'en rapproche. Ce qui revient à ajouter à la question « qui est cet autre homme que je rencontre ? », « qui suis-je, moi qui le rencontre ? ». Montaigne offre à la fin du siècle, dans ses *Essais*, la réflexion la plus aboutie sur ce sujet. Il apparaît bien, selon le terme qu'on emploie pour désigner ces hommes de la Renaissance qui ont prôné la réflexion individuelle et l'expérience contre l'autorité, comme un humaniste. Mais cette réflexion ne surgit pas de manière isolée. Elle est préparée par les pensées que produisent les récits de voyage de l'époque et au premier rang de ceux-ci, celui de Jean de Léry.

JEAN DE LÉRY, VOYAGEUR EXEMPLAIRE

Le récit de Jean de Léry qui forme le centre de cet ouvrage

est en effet exemplaire de la prise de conscience qui s'élabore au XVIe siècle. Jean de Léry raconte le voyage au Brésil qu'il a fait en 1556. On est donc plus de cinquante ans après la découverte du Brésil par Cabral et même plus de soixante-quinze ans après si l'on tient compte de la date où le récit est publié, c'est-à-dire en 1578. Jean de Léry n'est donc pas un explorateur qui aurait laissé son nom dans l'Histoire pour quelque découverte, ni un colonisateur qui aurait implanté quelque ville au Brésil. Non, c'est un cordonnier — il n'aime pas qu'on le lui rappelle — né en Bourgogne en 1536 et dont toute la vie est marquée par une conviction protestante profonde. C'est d'ailleurs pour ces deux raisons qu'il part au Brésil rejoindre la petite colonie française fondée par Villegagnon pour servir de refuge aux protestants. Mais très vite Villegagnon redevient catholique et chasse les protestants qu'il avait fait venir. Jean de Léry et ses compagnons se retrouvent donc parmi les sauvages chez qui ils ne cherchent plus qu'à survivre avant de rentrer ; ils sont en marge de tout pouvoir constitué. L'exclusion apparaît alors comme une libération ; Jean de Léry peut désormais exercer son propre regard au lieu d'être soumis à un projet politique. Et ce regard nous montre une nature généreuse et des sauvages accueillants malgré leur pratique de l'anthropophagie. Cette bienveillance n'est pas unique ; c'est un peu celle des compagnons de Cabral qui dansent avec les sauvages.

Mais le récit de Jean de Léry nous offre plus que bien d'autres de ces récits en mettant en avant très fortement la personnalité du narrateur ; tout est organisé par le « je » qui raconte. Cet individu témoigne d'une expérience propre ; sa réflexion le porte contre ceux qui se prétendent savants mais qui plaquent leurs connaissances sur la réalité découverte. Il est bien comme Montaigne un humaniste. À travers les tempêtes et la rupture avec Villegagnon, Jean de Léry est devenu un autre homme capable de regarder les autres et de se regarder. Ainsi, ce n'est pas seulement à la découverte du Brésil qu'il nous convie mais à la découverte des « sauvages américains » et à la découverte des Européens par les Brésiliens. En effet, non seulement nous voyons ce Nouveau Monde dans la splendeur de sa végétation luxuriante, de ses perroquets multicolores, nous sentons même le parfum de l'ananas, mais nous entendons aussi la voix des Indiens à travers le dialogue entre le vieux sauvage et le narrateur. Nous sommes invités ainsi à une réflexion sur l'homme en général et à une découverte de nous-mêmes. Car Léry nous montre qu'on ne peut opposer, d'un côté, les sauvages cruels et stupides et, de l'autre, les gens civilisés raisonnables et bons. Le sauvage vit aussi selon des règles, peut raisonner et faire preuve de bonté. À l'inverse, l'Européen peut se conduire d'une manière insensée et agir avec une grande cruauté. Ce que l'on appellera ensuite « le mythe du bon sauvage » connaît ici un de ses premiers développements.

Enfin, il faudrait, comme il le fait lui-même à la fin, évoquer le rôle que joue l'écriture du récit dans la prise de conscience. Jean de Léry écrit vingt ans après son voyage. Entre-temps, il est devenu pasteur et il a vécu la famine du siège de la ville de Sancerre où il a assisté à un cas d'anthropophagie parmi les protestants assiégés. Il fallait sans doute cette longue confrontation intellectuelle des deux mondes pour que l'écriture de l'*Histoire d'un voyage fait en la terre du Brésil* devînt possible, pour que ce Nouveau Monde prît cette autonomie qui permet à Léry de regretter, vingt ans après, de ne plus être parmi les sauvages.

CHRONOLOGIE

REPÈRES HISTORIQUES

REPÈRES CULTURELS

REPÈRES HISTORIQUES

1492	Christophe Colomb découvre les Antilles.
1494	Traité de Tordesillas qui partage les nouvelles terres entre les Espagnols et les Portugais.
1497	Vasco de Gama découvre la voie maritime des Indes par le cap de Bonne-Espérance.
1499	Amerigo Vespucci accompagne Hojeda en Amérique du Sud, le long du Venezuela.
1500	Cabral découvre le Brésil.
1501-1502	Nouveau voyage d'Amerigo Vespucci en Amérique.
1504	Voyage du Français Gonneville au Brésil.
1515	Début du règne de François Ier en France.
1516	Début du règne de Charles Ier en Espagne, futur Charles Quint.
1517	*95 Thèses* de Luther.
1521	Prise de Mexico-Tenochtitlan par Cortez.
1534	Premier voyage de Jacques Cartier au Canada.
1541	Calvin s'installe à Genève où il joue un rôle de premier plan dans l'élaboration des institutions réformées de la ville. Genève devient un refuge pour les protestants français.

REPÈRES CULTURELS

1504 Publication à Florence de la *Lettre sur le Nouveau Monde* d'Amerigo Vespucci.

1504 Naissance d'André Thevet.

1507 Publication de la *Cosmographie* de Waldseemüller qui baptise le nouveau monde Amérique.

1533 Naissance de Montaigne.

1536 Naissance de Jean de Léry.

1542	L'Espagnol Francisco de Orellana descend l'Amazone jusqu'à son embouchure.
1547	Fin du règne de François Ier en France. Début du règne d'Henri II.
1550	Fête brésilienne à Rouen pour l'entrée d'Henri II et de Catherine de Médicis.
1555-1560	Expédition française de Villegagnon au Brésil qui se termine par la prise du Fort de Coligny par les Portugais.
1556	Fin du règne de Charles Quint en Espagne. Début du règne de Philippe II.
1559	Fin du règne d'Henri II en France. Début du règne de François II.
1560	Fin du règne de François II en France. Début du règne de Charles IX.
1562	Massacre de Wassy. Début des guerres de religion en France.
1565	Massacre des colons français de Floride par les Espagnols.
1572, 24 août	Massacre des protestants français par les catholiques lors de la nuit de la Saint-Barthélemy.
1573	Les catholiques français assiègent les protestants dans Sancerre.

1552 Publication de la *Très Brève Relation de la destruction des Indes* par l'évêque Bartolomé de Las Casas. Livre qui dénonce les massacres commis par les Espagnols en Amérique.

1556-1558 Voyage de Jean de Léry au Brésil.

1557 Publication des *Singularités de la France antarctique autrement nommée Amérique* par André Thevet.

1564 Jean de Léry est pasteur à Nevers.

1574 Fin du règne de Charles IX en France. Début du règne d'Henri III.

1589 Fin du règne d'Henri III en France. Début du règne d'Henri IV.

1574 *Histoire mémorable de la ville de Sancerre* de Jean de Léry qui raconte le siège de la ville par les catholiques.

1578 Première édition de l'*Histoire d'un voyage fait en la terre du Brésil* de Jean de Léry. Il y en aura cinq du vivant de Léry.

1580 Première édition des *Essais* de Montaigne (chapitre « Des Cannibales »).

1588 Publication du Livre III des *Essais* de Montaigne (chapitre « Des Coches »).

1591-1598 Théodore de Bry publie à Francfort six parties des *Grands Voyages* qui réunissent des récits de voyage, dont celui de Léry, et offrent de superbes illustrations.

1592 Mort de Montaigne.
Mort d'André Thevet.

1613 Mort de Jean de Léry.

Allégorie de l'Amérique par Adrien Collaert,
d'après un dessin de Martin de Vos, Anvers, vers 1595.
Gravure sur cuivre, Bibliothèque nationale.

Histoire d'un voyage fait en la terre du Brésil

Jean de Léry

Chapitre I

Du motif et de l'occasion qui nous firent entreprendre ce lointain voyage en la terre du Brésil

Comme quelques cosmographes [1] et autres historiens de notre époque ont déjà auparavant écrit à propos de la longueur, largeur, beauté et fertilité de cette quatrième partie du monde appelée Amérique ou terre du Brésil, à propos des îles et des terres qui sont proches d'elle, et qui étaient complètement inconnues aux Anciens [2], à propos aussi de plusieurs navigations qui s'y sont faites depuis environ quatre-vingts ans qu'elle fut découverte, sans m'attarder à traiter cela de manière complète ni générale, mon intention et mon sujet seront, en cette histoire, de seulement déclarer ce que j'ai expérimenté, vu, entendu et observé tant sur mer, à l'aller et au retour, que parmi les sauvages Américains, que j'ai fréquentés et parmi lesquels je suis resté environ un an. Et afin que le tout soit mieux connu et compris de chacun, commençant par le motif qui

1. C'est le nom qu'on donne à l'époque à ceux qui décrivent le monde comme le font aujourd'hui les géographes.
2. *Les Anciens* : les gens qui ont vécu durant l'Antiquité.

nous fit entreprendre un si pénible et lointain voyage, je dirai brièvement quelle en fut l'occasion.

L'an 1555, un nommé Villegagnon, chevalier de Malte, autrement dit de l'Ordre qu'on appelle de saint Jean de Jérusalem [1], s'ennuyant en France, et même ayant reçu quelque mécontentement en Bretagne, où il était alors, fit entendre à plusieurs notables [2] personnages de toutes qualités [3], que depuis longtemps il avait non seulement une extrême envie de se retirer en quelque pays lointain, où il puisse librement et pleinement servir Dieu selon l'Évangile réformé [4], mais aussi qu'il désirait y préparer la place pour tous ceux qui voudraient s'y retirer pour éviter les persécutions, qui, de fait, étaient telles qu'en ce temps-là plusieurs personnages, de tout sexe et de toutes qualités, étaient en tous les endroits du royaume de France, par édits du Roi et par arrêts des cours et des parlements, brûlés vifs, et voyaient leurs biens confisqués pour raison religieuse [5].

Villegagnon déclara en outre oralement à ceux qui étaient près de lui, et par des lettres envoyées à quelques particuliers, qu'ayant entendu parler et

1. Ordre religieux fondé pour assister les pèlerins catholiques en Terre sainte au XIIe siècle qui devint ensuite un ordre militaire.
2. *Notables* : personnes en vue.
3. *Qualité* : rang que l'on occupe dans la société.
4. *Réformé* : protestant. Les protestants sont des chrétiens qui ont rompu avec le catholicisme au XVIe siècle parce qu'ils le jugeaient corrompu et éloigné de la foi des origines que seule la lecture de la Bible pouvait rendre, et non les cérémonies et les sacrements.
5. Allusion aux persécutions contre les protestants à la fin du règne d'Henri II (1547-1559).

faire tant de bons récits à quelques-uns de la beauté et fertilité de la partie de l'Amérique appelée terre du Brésil, que pour s'y établir et réaliser son dessein [1], il prendrait volontiers cette route et cette brisée [2]. Et de fait, sous ce prétexte et sous cette belle couverture, il gagna les cœurs de quelques grands seigneurs de la religion réformée, qui, animés par le même désir qu'il disait avoir, désiraient trouver une telle retraite [3]. Parmi eux, le regretté messire Gaspard de Coligny [4] amiral de France, bien vu, et bien en cour comme il l'était auprès du roi Henri II qui régnait alors, ayant exposé à ce dernier que si Villegagnon faisait ce voyage, il pourrait découvrir beaucoup de richesses et autres avantages pour le profit du royaume, lui fit donner deux beaux navires équipés et fournis d'artillerie, et dix mille francs pour faire son voyage.

Ainsi, Villegagnon [...] après qu'au reste il se fut pourvu de matelots et d'artisans qu'il emmena avec lui, au mois de mai de cette année 1555, s'embarqua sur mer, où il eut tourments et dommages, mais enfin, malgré toutes les difficultés, en novembre suivant, il parvint au Brésil.

À son arrivée, il descendit et pensa d'abord se loger sur un rocher à l'embouchure d'un bras de mer, et d'une rivière d'eau salée nommée par les sauvages *Ganabara*, qui (comme je la décrirai le

---

1. *Dessein* : projet.
2. *Brisée* : chacune des petites branches que l'on brisait pour marquer le chemin suivi par le gibier ; trace, chemin.
3. *Retraite* : abri retiré du monde.
4. *Gaspard de Coligny* : principal chef protestant en France.

moment venu) se trouve à vingt-trois degrés au-delà de l'Équateur : c'est-à-dire droit sous le tropique du Capricorne ; mais les ondes de la mer l'en chassèrent. Ainsi, étant contraint de se retirer de là, il s'avança environ d'une lieue [1] vers les terres et s'installa dans une île auparavant inhabitable. Il y déchargea son artillerie et ses autres bagages afin qu'il y fût en plus grande sûreté, tant contre les sauvages que contre les Portugais, qui voyagent, et ont déjà tant de forteresses en ce pays-là, et il fit commencer d'y bâtir un fort.

Or de là, feignant [2] toujours de brûler de zèle [3] d'avancer le règne de Jésus-Christ, et en persuadant tant qu'il pouvait ses gens, quand ses navires furent chargés et prêts à revenir en France, il écrivit et envoya dans l'un d'eux, tout exprès, un homme à Genève [4], demandant [...] qu'on lui envoyât des ministres de la parole de Dieu, mais aussi pour mieux réformer ses gens et lui-même, et autant que pour attirer les sauvages à la connaissance de leur salut, que quelques autres personnes bien instruites en la religion chrétienne accompagnassent ces ministres pour venir le trouver.

[*On nomme alors du Pont chef de la nouvelle expédition et on trouve deux ministres du culte, Richier et Chartier.*]

---

1. *Lieue* : mesure de distance à peu près égale à quatre kilomètres.
2. *Feindre* : faire semblant. Villegagnon fait semblant d'être protestant convaincu.
3. *Zèle* : désir très vif.
4. *Genève* : ville où Calvin a établi une république protestante.

Il restait alors encore à trouver d'autres personnages instruits des principaux points de la foi, et comme Villegagnon le demandait, des artisans experts en leur art. Mais pour ne tromper personne, outre que du Pont déclarait long et pénible le chemin qu'il convenait de faire, à savoir environ cent cinquante lieues par terre, et plus de deux mille lieues par mer, il ajoutait qu'étant parvenu en cette terre d'Amérique, il faudrait se contenter de manger au lieu de pain, d'une certaine farine faite de racine [1], et quant au vin, nulles nouvelles, car il n'y en croît point ; bref, ainsi qu'en un nouveau monde (comme la lettre de Villegagnon chantait) il faudrait là user de façons de vivre, et de viandes [2] tout à fait différentes de celles de notre Europe. Tous ceux, dis-je, qui aimant mieux la théorie que la pratique de ces choses, n'ayant pas la volonté de changer d'air, d'endurer les flots de la mer, la chaleur de la zone torride, ni de voir le pôle Antarctique [3], ne voulurent point entrer en lice, ni s'enrôler [4] et s'embarquer en tel voyage.

Toutefois, après plusieurs demandes et recherches de tous côtés, ceux-ci, à ce qu'il semble plus courageux que les autres, se présentèrent pour

1. Il s'agit du manioc.
2. *Viandes* : au XVIe siècle nourriture en général (du bas latin *vivanda*).
3. *Pôle Antarctique* : ciel de l'hémisphère sud, caractérisé par la disparition de la Grande et de la Petite Ourse (en grec *arktos* : ours) dont fait partie l'Étoile polaire et l'apparition de la constellation de la Croix du Sud.
4. *Lice* : lieu où les chevaliers combattaient lors de joutes, de tournois. *Enrôler* : engager quelqu'un dans l'armée en inscrivant son nom sur les listes militaires, appelées rôles.

accompagner du Pont, Richier et Chartier : à savoir Pierre Bordon, Matthieu Venervie, Jean du Bordel, André la Fon, Nicolas Denis, Jean Gardien, Martin David, Nicolas Raviquet, Nicolas Carmeau, Jacques Rousseau, et moi Jean de Léry, qui tant pour la bonne volonté que Dieu m'avait donnée dès lors de servir à sa gloire, que curieux de voir ce monde nouveau, fus de la partie. Si bien que nous fûmes quatorze qui, pour faire ce voyage, partîmes de la cité de Genève le dix septembre, en l'année 1556.

Chapitre II

De notre embarquement au port d'Honfleur, ensemble des tourmentes, rencontres, prises de navires, et premières terres et îles que nous découvrîmes

[...] Le jour même où vers midi nous mîmes voiles au vent, à la sortie du port d'Honfleur, les canonnades, trompettes, tambours, fifres, et autres triomphes qu'on a coutume de faire aux navires de guerre en partance, ne manquèrent point à notre égard. [...]

Le vingt novembre, ayant abandonné la terre, nous commençâmes à naviguer sur cette grande et impétueuse mer océane, nous découvrîmes et côtoyâmes l'Angleterre que nous laissions à droite, et dès lors nous fûmes pris d'un flot de mer qui dura douze jours durant lesquels outre que nous fûmes fort malades de la maladie habituelle de ceux qui vont sur mer, encore n'y avait-il personne qui ne fût épouvanté d'une telle agitation. Et de fait, ceux surtout qui n'avaient jamais senti l'air marin, ni dansé une telle danse, voyant la mer si haute et si démontée, pensaient à tout coup et à toute minute que les vagues devaient à coup sûr nous faire couler par le

INDE
OCCIDENTALE
Huvassou
BRESIL
petites
Basses
Rivière
de
Ganabara

Honfleur
Genève
Basse
Bretagne
Cap de Finisterre
Espagne
Açores
Iles
fortunées
BARBARIE

fond. Car certainement c'est une chose admirable de voir qu'un vaisseau de bois, quelque fort et grand qu'il soit, puisse ainsi résister à la fureur et à la force de cet élément si terrible. Car bien que les navires soient construits avec du bois solide, bien lié, chevillé et bien goudronné, et que celui même où j'étais pût avoir environ dix-huit toises [1] de long, et trois et demie de large, qu'est-ce en comparaison de ce gouffre et de la largeur, de la profondeur et d'un tel abîme d'eau qu'est cette mer du Ponant [2] ? Partant de là, sans amplifier ici ce propos davantage, je dirai seulement ce mot en passant : on ne saurait assez priser [3], tant l'excellence de l'art de la navigation en général, qu'en particulier l'invention de l'aiguille marine [4] avec laquelle on se dirige, dont néanmoins, comme quelques-uns l'écrivent, l'usage ne date que d'environ deux cent cinquante ans. Nous fûmes donc ainsi agités, et naviguâmes avec grandes difficultés jusqu'au treizième jour après notre embarquement, où Dieu apaisa les flots et orages de la mer.

Le dimanche suivant, ayant rencontré deux navires marchands d'Angleterre, qui venaient d'Espagne, après que nos matelots les eurent abordés, et vu qu'il y avait à prendre dedans, peu s'en fallut qu'ils ne les pillassent. Et de fait, comme je l'ai dit, nos trois vaisseaux étant bien équipés d'artillerie et d'autres munitions de guerre, nos mariniers s'en

---

1. *Toise* : mesure de longueur valant à peu près deux mètres.
2. *Ponant* : ancien nom de l'Occident, l'ouest où le soleil se couche, par opposition au Levant.
3. *Priser* : donner du prix, estimer.
4. *Aiguille marine* : boussole.

sentaient fiers et forts, et quand les vaisseaux plus faibles se trouvaient devant eux et à leur merci, ils n'étaient plus en sûreté.

Et il faut, puisque cela vient à propos, que je dise ici en évoquant cette première rencontre de navire, que j'ai vu pratiquer sur mer ce qui se fait aussi le plus souvent sur terre, à savoir que celui qui a les armes au poing, et qui est le plus fort, l'emporte, et impose sa loi à son compagnon. Il est vrai que messieurs les mariniers, en faisant descendre les voiles et en abordant les pauvres navires marchands, leur disent ordinairement qu'il y a longtemps qu'à cause des tempêtes et des calmes ils ne peuvent aborder terre ni port et sont sur mer en grande nécessité de vivres [1], et les prient contre argent de les assister. Mais si sous ce prétexte ils peuvent mettre le pied à bord de leurs voisins, ne demandez pas si c'est pour empêcher le vaisseau d'aller par le fond, qu'ils le déchargent de tout ce qui leur semble bon et beau. Et si là-dessus on leur en fait remontrance (comme de fait nous faisions toujours) disant qu'il n'y a nul principe à ainsi indifféremment piller autant les amis que les ennemis, la chanson commune de nos soldats terrestres qui dans les cas semblables pour tout argument disent que c'est la guerre et la coutume, et qu'il faut s'y conformer, ne manque pas à leur sujet.

Mais outre cela je dirai, par manière de préface à plusieurs exemples de ce que nous verrons ici ensuite, que les Espagnols, et encore plus les

1. *En grande nécessité de vivres* : avec un besoin vital de nourriture.

Portugais, se vantant d'avoir les premiers découvert la terre du Brésil, voire tout le contenu depuis le détroit de Magellan, qui demeure par les cinquante degrés du côté du pôle Antarctique [1] jusqu'au Pérou, et encore au-delà de l'Équateur, et par conséquent soutiennent qu'ils sont seigneurs de tous ces pays-là, disant que les Français qui y voyagent sont usurpateurs [2] à leurs dépens, s'ils les trouvent sur mer à leur merci, ils leur font une telle guerre, qu'ils sont allés jusqu'à en avoir écorché tout vifs, et les font mourir d'autre mort cruelle. Les Français soutenant le contraire, et qu'ils ont leur part en ces pays nouvellement connus, non seulement ne se laissent pas volontiers battre par les Espagnols, encore moins par les Portugais, mais en se défendant vaillamment

rendent souvent la pareille à leurs ennemis qui, pour en parler sans passion, n'oseraient les aborder ni les attaquer s'ils ne se voyaient beaucoup plus puissants et en plus grand nombre de vaisseaux. [...]

Sept jours après [3], nous abordâmes auprès de trois îles, nommées par les pilotes de Normandie La Gracieuse, Lancelote et Forte-Aventure, qui sont des Îles fortunées [4]. [...]

En ces endroits où nous mîmes les barques hors de nos navires, vingt de nos gens, tant soldats que matelots, s'étant mis dedans avec des berches,

1. *Pôle Antarctique* : voir note 3, p. 29.
2. *Usurpateur* : qui s'approprie ce qui appartient à un autre.
3. Il y a eu entre-temps une tempête de six ou sept jours jusqu'au 5 décembre.
4. Nom donné aux Canaries, qui paraissaient être le lieu de l'âge d'or, mythe courant à l'époque.

mousquets [1], et autres armes, pensaient bien aller butiner [2] en ces Îles fortunées ; mais quand ils furent à bord, les Espagnols qui les avaient découverts auparavant, les rembarrèrent de telle façon qu'au lieu de mettre pied à terre ils n'eurent qu'une hâte : se retirer en mer. [...]

Durant trois jours que nous demeurâmes près de ces Îles fortunées, comme la mer était aussi fort calme, nous prîmes une si grande quantité de poissons avec des filets de pêche (que nous avions, et avec des hameçons) qu'après que nous en eûmes mangé à notre souhait, parce que nous n'avions pas l'eau douce à volonté, craignant que cela ne nous assoiffe trop, nous fûmes contraints d'en rejeter plus de la moitié en mer. Les espèces étaient dorades, chiens de mer, et autres de plusieurs sortes dont nous ne savions les noms : toutefois il y en avait de ceux que les mariniers appellent sardes, qui est une espèce de poisson qui a tellement peu de corps qu'il semble que la tête et la queue (qu'il a néanmoins suffisamment large) soient jointes ensemble, mais encore outre cela ayant la tête faite en façon de morion [3] à crête, il est de forme assez étrange.

Le mercredi matin seize décembre, où la mer s'agita de nouveau, les vagues remplirent si soudainement la barque, qui, depuis le retour des Îles fortunées était amarrée à notre navire, que non seulement elle fut submergée et perdue, mais aussi deux

1. *Berches* : sorte de pièce d'artillerie de marine. *Mousquets* : armes à feu.
2. Sens du XVIe siècle : prendre un butin.
3. *Morion* : casque.

matelots qui étaient dedans pour la garder furent en si grand danger qu'à peine, en leur jetant hâtivement des cordages, les pûmes-nous sauver et tirer dans le vaisseau. Et en plus je raconterai aussi, comme une chose remarquable, que pendant que notre cuisinier, durant cette tempête, eut mis un matin dessaler du lard dans un grand baril de bois, il y eut un coup de mer, qui sauta avec son impétuosité par-dessus le tillac [1] ; l'ayant emporté plus de la longueur d'une pique hors du navire, une autre vague tout soudain venant à l'opposite sans renverser ce baril, avec une grande vigueur la rejeta sur le même tillac, avec ce qui était dedans ; si bien que cela fut nous renvoyer notre dîner, qui, comme on dit communément, s'en était allé à vau-l'eau.

Or dès le vendredi dix-huitième de ce mois de décembre nous découvrîmes la Grande Canarie, de laquelle dès le dimanche suivant nous approchâmes assez près. [...]

Ce même jour de dimanche [2] nous découvrîmes une caravelle portugaise, qui était sous notre vent. Ceux qui étant dedans voyant bien pour cette raison qu'ils ne pourraient résister ni fuir, abaissant les voiles vinrent se rendre à notre vice-amiral. Ainsi nos capitaines qui depuis longtemps avaient arrêté entre eux de s'accommoder (comme on dit aujourd'hui) d'un vaisseau [3] de ceux qu'ils s'étaient toujours promis de prendre — ou sur les Espagnols, ou sur les

1. *Tillac* : pont du navire.
2. 20 décembre.
3. *S'accommoder* de quelque chose signifiait au XVIe siècle le voler, se l'approprier.

Portugais — afin de s'en saisir et de mieux s'en assurer, mirent immédiatement nos gens dedans. Toutefois à cause de quelque considération qu'ils eurent envers son maître, ils lui dirent qu'au cas où il pourrait rapidement trouver et prendre une autre caravelle en ces endroits-là, on lui rendrait la sienne. Lui qui, pour sa part aussi, aimait mieux que la perte tombe sur le voisin que sur lui, après que, selon la requête qu'il fit, on lui eut donné une de nos barques armée de mousquets, avec vingt de nos soldats et une partie de ses gens dedans, comme vrai pirate qu'il était à mon avis, afin de mieux jouer son rôle et de ne pas être découvert, il s'en alla bien loin devant nos navires.

Or nous côtoyions alors la Barbarie habitée des Mores [1]. [...]

Pour retourner à nos écumeurs de mer, qui, comme j'ai dit, nous avaient devancés dans la barque, le vingt-cinq décembre, jour de Noël, ayant rencontré une caravelle d'Espagnols et tiré sur ceux-ci quelques coups de mousquet, la prenant ainsi par force ils l'amenèrent auprès de nos navires. Et parce que c'était non seulement un beau vaisseau, mais qu'aussi étant chargé de sel blanc, cela plut fort à nos capitaines, selon la décision que j'ai déjà dit qu'ils avaient prise depuis longtemps de s'en approprier un, ils l'emmenèrent avec nous en la terre du Brésil vers Villegagnon. Il est vrai qu'on tint promesse au Portugais qui avait fait cette prise, en lui rendant sa caravelle. Mais nos mariniers (qu'ils furent cruels ici !) ayant mis tous les Espagnols

1. *Barbarie* : Afrique du Nord. *Mores* : Arabes.

dépossédés de la leur, pêle-mêle parmi les Portugais, non seulement ne laissèrent morceau de biscuit ni d'autres vivres à ces pauvres gens, mais qui pis est, leur déchirèrent leurs voiles et même ôtèrent leur petit bateau, sans lequel toutefois ils ne pouvaient approcher ni aborder terre ; je crois, pour ainsi dire, qu'il eût mieux valu les envoyer par le fond, que les laisser en tel état. Et de fait étant ainsi demeurés à la merci de l'eau, si quelque barque ne survint pour les secourir, il est certain ou qu'ils furent à la fin submergés, ou qu'ils moururent de faim.

Après ce beau chef-d'œuvre, fait au grand regret de plusieurs, étant poussés du vent d'est-sud-est, qui nous était propice, nous nous rejetâmes bien avant dans la haute mer. [...]

Chapitre IV

De l'Équateur

[...] Le comble de notre malheur sous cette zone brûlante fut qu'à cause des grandes et continuelles pluies, qui avaient pénétré jusque dans la soute, notre biscuit était gâté et moisi ; outre que chacun n'en avait que bien peu, encore nous le fallait-il non seulement ainsi manger pourri, mais aussi sous peine de mourir de faim, et sans en rien jeter, nous avalions autant de vers (qui en constituaient la moitié) que nous faisions de miettes. De plus nos eaux douces étaient si altérées, et pareillement si pleines de vers, que rien qu'en les tirant des récipients où on les tient en mer, il n'y avait si courageux qu'il n'en crachât ; mais, ce qui était bien pire, quand on en buvait, il fallait tenir la tasse d'une main et, à cause de la puanteur, boucher le nez de l'autre.

Que dites-vous de cela, messieurs les délicats, qui étant un peu oppressés par la chaleur, après avoir changé de chemise, et vous être bien fait coiffer, aimez tellement non seulement être à l'aise en la belle salle fraîche, assis dans un fauteuil, ou sur un lit vert, mais encore qui ne sauriez prendre vos repas sans vaisselle luisante, verre bien rincé, serviettes blanches comme neige, pain bien tranché, viande quelque délicate qu'elle soit bien proprement préparée et servie, et le vin ou autre breuvage clair comme l'émeraude ? Voulez-vous aller vous embarquer pour vivre d'une telle façon ? Comme je ne vous le conseille pas, et qu'il vous en prendra encore moins envie quand vous aurez entendu ce qui nous arriva à notre retour, aussi vous prierai-je, que quand on parle de mer, et surtout de tels voyages, vous qui avez seulement lu, ou pire, en avez seulement entendu parler à ceux qui n'y sont jamais allés, vous ne vouliez pas, ayant le dessus, vendre vos coquilles (comme on dit) à ceux qui ont été à saint Michel [1] : c'est-à-dire, qu'en ce point vous cédiez un peu, et laissiez discourir ceux qui, en endurant de telles tortures, ont des connaissances pratiques, qui, au vrai, ne peuvent bien se glisser dans le cerveau ni dans l'intelligence des hommes, à moins (comme dit le proverbe) qu'ils aient mangé de la vache enragée.

À quoi j'ajouterai [...] que j'ai vu un de nos pilotes nommé Jean de Meun, d'Harfleur, qui bien qu'il ne sût ni A ni B, avait néanmoins, par longue expérience de ses cartes, de ses astrolabes et de ses bâtons de Jacob [2], si bien progressé dans l'art de naviguer, qu'à tout coup, et particulièrement dans la tourmente, il faisait taire un savant personnage (que je ne nommerai point) qui cependant, dans notre navire, par temps calme triomphait d'enseigner la théorie. Non pas toutefois que pour cela je condamne, ou veuille de quelque façon que ce soit blâmer les sciences qui s'acquièrent dans les écoles, et par l'étude des livres ; rien moins, tant s'en faut que

1. Vouloir en remontrer aux connaisseurs.

2. Instruments de mesure qui permettaient de se repérer.

ce soit mon intention. Mais je demande que sans se fixer à l'opinion de qui que ce fût, on ne me cite jamais un argument contre l'expérience d'une chose. [...]

Ainsi sans intervalle, nous cinglâmes grâce à notre bon vent de nord-nord-est, jusqu'à quatre degrés au-delà de l'Équateur. De là nous commençâmes de voir le pôle Antarctique, que les mariniers de Normandie appellent l'Étoile du Sud, autour de laquelle, comme je remarquai depuis lors, il y a d'autres étoiles en croix, qu'ils appellent aussi la Croix du Sud.

Chapitre V

De la découverte et première vue que nous eûmes tant de l'Inde occidentale ou terre du Brésil, que des sauvages y habitant

Après cela le vent d'ouest nous fut propice et tant nous dura qu'au vingt-six février 1557 à environ huit heures du matin, nous vîmes l'Inde occidentale, terre du Brésil, quatrième partie du monde et inconnue des Anciens, autrement appelée Amérique, du nom de celui qui autour de l'an 1497 la découvrit le premier [1]. Alors, il ne faut pas demander si nous voyant si proches du lieu où nous allions, avec l'espoir d'y mettre vite pied à terre, nous en fûmes joyeux, et en rendîmes grâces [2] à Dieu de bon cœur. Et de fait parce qu'il y avait près de quatre mois que sans arrêt nous bougions et flottions sur mer, qu'il nous était souvent venu à l'esprit que nous y étions comme exilés, nous pensions que nous n'en dussions jamais sortir. Après donc que nous eûmes bien remarqué et aperçu clairement que ce que nous avions découvert était terre ferme (car on est

1. Il s'agit d'Amerigo Vespucci.
2. *Rendre grâces* : remercier.

trompé souvent sur mer par des vapeurs qui s'évanouissent), ayant vent propice et ayant mis le cap droit dessus, dès ce même jour (notre amiral s'en étant allé devant), nous vînmes aborder et mouiller l'ancre à une demi-lieue d'une terre et d'un lieu fort montagneux appelé *Huvassou* par les sauvages. Là, après avoir mis la barque hors du navire, et, selon la coutume quand on arrive en ce pays-là, après avoir tiré quelques coups de canon pour avertir les habitants, nous vîmes immédiatement un grand nombre d'hommes et de femmes sauvages sur le rivage de la mer. Cependant (comme quelques-uns de nos mariniers qui avaient autrefois voyagé par là le reconnurent bien) ils étaient de la nation nommée *Margaïas*, alliée des Portugais, et par conséquent tellement

ennemie des Français que, s'ils nous eussent tenus à leur merci, nous n'eussions pas payé d'autre rançon, qu'après avoir été assommés et mis en pièces nous leur eussions servi de nourriture. Nous commençâmes aussi alors à voir, vraiment en ce mois de février (où à cause du froid et de la gelée toutes les choses sont si fermées et cachées, et presque à travers toute l'Europe dans le ventre de la terre), les forêts, bois et herbes de cette contrée-là aussi verdoyants que sont ceux de notre France aux mois de mai et juin, ce qui se voit tout au long de l'année, et en toutes saisons en cette terre du Brésil.

Or, malgré cette inimitié de nos *Margajas* à l'encontre des Français, qu'eux et nous dissimulions tant que nous pouvions, notre contremaître, qui savait un peu jargonner en leur langue, avec quelques autres matelots qui se mirent dans la barque, s'en alla près du rivage, où en grosses troupes nous voyions toujours ces sauvages assemblés. Toutefois nos gens ne se fiant que bien peu à eux, afin d'échapper au danger où ils auraient pu se mettre d'être pris et *boucanés*, c'est-à-dire rôtis, n'approchèrent pas à moins d'une portée de leurs flèches. Ainsi ils leur montrèrent de loin des couteaux, des miroirs, des peignes et autres baguenaudes [1], contre lesquelles en les appelant, ils leur demandèrent des vivres. Sitôt que quelques-uns, qui s'approchèrent le plus près qu'ils purent, l'eurent entendu, sans se faire autrement prier, avec d'autres ils allèrent en chercher en grande diligence [2]. À tel point que notre contremaître à son retour nous rapporta non seulement de la farine faite d'une racine, que les sauvages mangent à la place du pain, des jambons et de la chair d'une certaine espèce de sangliers, avec d'autres victuailles et fruits à suffisance comme le pays en produit, mais encore, pour nous les présenter, et pour nous souhaiter la bienvenue, six hommes et une femme ne firent point de difficulté pour s'embarquer et venir nous voir au navire. Et parce que ce furent les premiers sauvages que je vis de près, je vous laisse à penser si je les regardai et contemplai attentivement, encore que je me réserve de les décrire et dépeindre longuement à un autre moment plus approprié. [...]

Cependant avant que ceux dont je parle se séparent de nous, les hommes, et principalement deux ou trois vieillards qui semblaient être des plus en

1. *Baguenaudes* : niaiseries, objets sans importance.
2. *En grande diligence* : rapidement.

vue de leur paroisse [1] (comme on dit chez nous), disant qu'il y avait dans leur contrée le plus beau bois de Brésil [2] qui pût se trouver dans tout le pays, qu'ils promettaient de nous aider à couper et à porter tout en nous procurant des vivres, firent tout ce qu'ils purent pour nous persuader de charger là notre navire. Mais parce que, en ennemis qu'ils étaient comme je l'ai dit, c'était nous attirer, et finement nous faire mettre pied à terre, pour après, nous ayant à leur merci, nous mettre en pièces et nous manger, comme en plus nous allions ailleurs, nous prîmes garde de ne pas nous arrêter là.

Ainsi après qu'avec une grande admiration nos *Margajas* eurent bien regardé notre artillerie et tout ce qu'ils voulurent dans notre vaisseau, nous par considération et peur des conséquences dangereuses (en particulier, afin que d'autres Français qui, sans y penser arrivant là, n'en subissent les représailles) ne les voulant blesser ni retenir, comme ils demandaient à retourner à terre vers leur peuple qui les attendait toujours au bord de la mer, il fut question de les payer et remercier des vivres qu'ils nous avaient apportés. Et parce qu'ils n'ont entre eux nul usage de monnaie, le paiement que nous leur fîmes fut en chemises, couteaux, hameçons à pêcher, miroirs et autres marchandises propres au commerce avec ce peuple. Mais pour bien finir la partie, de la même façon que ces bonnes gens, tout

1. *Paroisse* : division religieuse catholique du territoire, équivalent ici au village.

2. Le *pau brasil*, bois de braise ainsi appelé pour sa couleur, a donné son nom au Brésil.

nus, à leur arrivée n'avaient pas été chiches de nous montrer tout ce qu'ils portaient, aussi au départ, comme ils avaient revêtu les chemises que nous leur avions données, quand ils vinrent à s'asseoir dans la barque (n'ayant pas l'habitude d'avoir linge ni autres vêtements sur eux), afin de ne pas les abîmer, en les troussant jusqu'au nombril, et découvrant ce que plutôt il fallait cacher, ils voulurent encore, en prenant congé de nous, que nous vissions leur derrière et leurs fesses. Voilà d'honnêtes officiers, et une belle civilité [1] pour des ambassadeurs, n'est-ce pas ? Car malgré le proverbe si commun, que tous chez nous ont à la bouche, à savoir que la chair est plus proche et plus chère que la chemise, eux au contraire, pour nous montrer qu'ils ne s'arrêtaient pas à cela, et peut-être comme une magnificence de leur pays à notre égard, en nous montrant le cul préfèrent leurs chemises à leur peau. [...]

Le premier jour de mars nous étions à la hauteur des petites Basses, c'est-à-dire des écueils et des pointes de terre entremêlées de petits rochers qui s'avancent en mer, que les mariniers, de crainte que leurs vaisseaux n'y touchent, évitent, s'en éloignant autant qu'il leur est possible.

À l'endroit de ces Basses, nous découvrîmes et vîmes bien clairement une plaine d'environ quinze lieues de longueur qui est possédée et habitée par les *Ouetacas*, sauvages si farouches et étranges, qu'ils ne peuvent demeurer en paix l'un avec l'autre, ont guerre ouverte et continuelle aussi bien contre tous

1. *Civilité* : politesse.

leurs voisins que contre tous les étrangers en général. [...] Bref, ces diablotins d'*Ouetacas* demeurant invincibles en cette petite contrée, et au surplus comme chiens et loups, mangeant de la chair crue, leur langage n'étant pas non plus compris de leurs voisins, doivent être mis au rang des nations les plus barbares, les plus cruelles et les plus redoutées qui se puissent trouver dans toute l'Inde occidentale et terre du Brésil. Au reste, comme ils n'ont, ni ne veulent avoir nul échange ni commerce avec les Français, les Espagnols, les Portugais, ni personne d'autre d'une nation européenne, aussi ignorent-ils nos marchandises. [...]

Nous cinglâmes si bien que le dimanche sept mars 1557, laissant la haute mer à gauche, du côté de l'est, nous entrâmes dans le bras de mer, et la rivière d'eau salée, nommée *Ganabara* par les sauvages, et par les Portugais *Genevre*, parce que, à ce qu'on dit, ils la découvrirent le premier jour de janvier, qu'ils nomment ainsi[1]. [...] Ayant trouvé Villegagnon établi depuis l'année précédente dans une petite île située dans ce bras de mer, après que depuis environ un quart de lieue nous l'eûmes salué à coups de canon, et que lui de sa part nous eut répondu, nous vînmes enfin mouiller et nous ancrer à proximité. Voilà en somme quelle fut notre navigation et ce qui nous arriva et ce que nous vîmes en allant en la terre du Brésil.

1. Il s'agit de la baie de Rio de Janeiro.

Chapitre VI

De l'accueil de Villegagnon

[*Après avoir feint d'être un protestant sincère, Villegagnon revient au catholicisme et rejoint le camp de ceux qui en communiant voulaient* « manger la chair de Jésus-Christ, et ce qui est pire, à la manière des sauvages nommés *Ouetacas,* ils voulaient la mâcher et l'avaler toute crue. »]

Ainsi, après que nous eûmes demeuré environ huit mois dans cette île et dans ce fort de Coligny que nous avions aidé à bâtir, nous nous retirâmes et nous passâmes sur la terre ferme, sur laquelle, en attendant qu'un navire du Havre qui était venu là pour charger du bois de Brésil (au maître duquel nous achetâmes nos passages vers la France) fût prêt à partir nous demeurâmes deux mois. Nous nous installâmes sur le rivage de la mer, du côté gauche en entrant dans cette rivière de *Ganabara,* au lieu appelé par les Français la Briqueterie, qui n'est qu'à une demi-lieue du fort. Et de même que de là nous allions, venions, fréquentions, mangions et buvions parmi les sauvages (qui sans comparaison nous furent plus humains que celui qui, sans que nous lui eussions nui, ne put nous souffrir avec lui), eux aussi, de leur côté, nous apportant des vivres et d'autres choses dont nous avions besoin, nous y venaient souvent rendre visite. [...] Je laisserai maintenant Villegagnon battre et tourmenter ses gens dans son fort, que je vais en premier lieu décrire avec le bras de mer où il est situé.

Chapitre VII

Description de la rivière de *Ganabara*

[...] En s'avançant dans les terres elle a environ douze lieues de long, et en quelques endroits sept ou huit de large, et pour le reste, bien que les montagnes qui l'entourent de toutes parts ne soient pas si hautes que celles qui bornent le grand et spacieux lac d'eau douce de Genève, néanmoins la terre ferme l'entourant ainsi de tous côtés, elle est assez semblable à celui-ci quant à sa situation.

Par ailleurs, comme en quittant la haute mer, il faut longer trois petites îles inhabitables, contre lesquelles les navires, s'ils ne sont pas bien pilotés sont en grand danger de se heurter et de se briser, l'embouchure en est assez dangereuse. Après cela, il faut passer par un détroit qui n'ayant pas un quart de lieue de large, est limité du côté gauche en y entrant par une montagne et par une roche pyramidale, qui n'est pas seulement d'une hauteur étonnante et excessive, mais aussi qui, à la voir de loin, paraît artificielle ; et de fait parce qu'elle est ronde et semblable à une grosse tour, entre nous, les Français, par une manière de parler hyperbolique [1] nous l'avions

1. *Hyperbolique* : exagérée.

nommée le Pot de beurre [1]. Un peu plus avant dans la rivière il y a un rocher, assez plat, qui peut avoir cent ou cent vingt pas [2] de tour, que nous appelions aussi le Ratier sur lequel Villegagnon à son arrivée, ayant d'abord posé ses bagages et son artillerie, pensa installer son fort ; mais le flux et le reflux de la mer l'en chassa. Une lieue plus loin, est l'île où nous demeurions, qui ainsi que je l'ai déjà évoqué ailleurs était inhabitable avant que Villegagnon ne fût arrivé dans ce pays ; mais du reste, n'ayant qu'à peu près une demi-lieue française de circonférence, et étant six fois plus longue que large, entourée qu'elle est de petits rochers à fleur d'eau qui empêchent les vaisseaux d'en approcher plus que d'une portée de canon, elle est merveilleusement et naturellement forte. [...]

1. Aujourd'hui appelé le Pain de sucre.

2. *Pas* : unité de mesure correspondant à peu près à une enjambée.

Chapitre VIII

Du naturel, force, stature, nudité, disposition et ornements du corps, tant des hommes que des femmes sauvages brésiliens

Ayant jusqu'ici raconté, aussi bien ce que nous vîmes sur mer en allant en la terre du Brésil, que comment les choses se passèrent dans l'île du fort de Coligny, où se tenait Villegagnon, pendant que nous y étions, et puis l'aspect de la rivière nommée *Ganabara* en Amérique, puisque j'ai tant avancé dans mon sujet, avant que je me rembarque pour retourner en France, je veux aussi discourir, aussi bien sur ce que j'ai observé à propos de la façon de vivre des sauvages, qu'à propos d'autres choses singulières et inconnues chez nous, que j'ai vues dans leur pays.

En premier lieu donc (afin de commencer par le principal et de poursuivre avec ordre) les sauvages de l'Amérique, habitant la terre du Brésil, nommés *Toüoupinambaoults*, avec lesquels j'ai demeuré environ un an et que j'ai fréquentés familièrement, n'étant point plus grands, plus gros, ou plus petits de stature que nous sommes en Europe, n'ont le corps ni monstrueux ni prodigieux par rapport au nôtre. Mais ils sont plus forts, plus robustes et replets, plus dispos [1], moins sujets aux maladies ; et il n'y en a même presque point de boiteux, de borgnes, de contrefaits, ni infirmes parmi eux. De plus, bien que plusieurs parviennent jusqu'à l'âge de cent ou cent vingt ans (car ils savent bien ainsi retenir et compter leur âge en lunes), il y en a peu qui en leur vieillesse aient les cheveux blancs ni gris. Choses qui montrent certainement le bon air et le bon climat de leur pays, dans lequel, comme je l'ai dit ailleurs, sans gelées ni froidures, les bois, les herbes et les champs sont toujours verdoyants, mais aussi (tous ces gens buvant vraiment à la fontaine de Jouvence [2]) le peu de soin et de souci qu'ils ont des choses de ce monde. Et, de fait, comme je le montrerai encore plus amplement ensuite, ils ne puisent, en quelque façon que ce soit en ces sources fangeuses [3], ou plutôt pestilentielles, dont découlent tant de ruisseaux qui nous rongent les os, nous sucent la moelle, nous affaiblissent le corps, et nous consument l'esprit, bref nous empoisonnent et nous font mourir avant notre heure, à savoir la provocation, la cupidité qui en procède, les procès et les brouilles, la jalousie et l'ambition ; rien de tout cela ne les torture, ne les domine, aucune de ces passions ne les anime.

Quant à leur couleur naturelle, en raison de la région chaude où ils habitent, n'étant pas noirs, ils

1. *Dispos* : agiles.
2. Fontaine mythique du Moyen Âge qui rajeunissait celui qui s'y plongeait.
3. *Fangeuses* : boueuses.

sont seulement basanés, comme vous le diriez des Espagnols ou des Provençaux.

Du reste, chose non moins étrange que difficile à croire pour ceux qui ne l'ont pas vue, les hommes comme les femmes et les enfants, non seulement sans cacher aucune partie de leur corps, mais aussi sans en montrer aucun signe d'en avoir honte ni vergogne [1], demeurent et vont habituellement aussi nus qu'ils sortent du ventre de leur mère. Et cependant loin s'en faut, comme quelques-uns le pensent, et d'autres veulent le faire croire, qu'ils soient velus ni couverts de leurs poils. [...]

Quant au nez, contrairement aux sages-femmes de chez nous, qui dès la naissance des enfants, afin de les leur faire plus beaux et plus grands, leur tirent avec les doigts, nos Américains faisant consister la beauté de leurs enfants en un nez fort camus [2], sitôt qu'ils sont sortis du ventre de leur mère (ainsi qu'on le fait en France aux barbets et aux petits chiens) ont le nez écrasé et enfoncé avec le pouce. Au contraire quelqu'un d'autre raconte qu'il y a une certaine contrée du Pérou, où les Indiens ont le nez si outrageusement grand, qu'ils y mettent des émeraudes, des turquoises et d'autres pierres blanches et rouges avec filet d'or.

De plus, nos Brésiliens se bigarrent [3] souvent le corps de diverses peintures et couleurs : mais surtout ils se noircissent habituellement si bien les cuisses et les jambes, du jus d'un certain fruit qu'ils nomment *genipat*, que vous croiriez à les apercevoir

1. *Vergogne* : honte.
2. *Camus* : aplati.
3. *Bigarrer* : peindre de couleurs qui tranchent.

de loin ainsi, qu'ils ont enfilé des chausses [1] de prêtre ; et cette teinture noire faite de ce fruit de *genipat* s'imprime si fortement sur leur chair, que même s'ils se mettent dans l'eau, voire qu'ils se lavent autant qu'ils veulent, ils ne peuvent l'effacer avant dix ou douze jours.

Ils ont aussi des croissants, longs de plus d'un demi-pied, faits d'os bien aplanis, aussi blancs que l'albâtre [2], qu'ils nomment *y-aci*, du nom de la lune, qu'ils appellent ainsi, et ils les portent quand il leur plaît, pendus à leur cou, avec un petit cordon, fait de fil de coton, et cela bat à plat sur la poitrine. [...]

De plus nos Américains ayant quantité de poules communes, d'une espèce donnée par les Portugais, plument souvent les blanches et avec quelques outils de fer, depuis qu'ils en ont, et auparavant avec des morceaux tranchants, ils découpent plus fin que de la chair à pâté les duvets et les petites plumes, et après les avoir fait bouillir et teindre en rouge avec du bois de Brésil, et s'être frottés d'une certaine gomme faite pour cela, ils s'en couvrent, s'emplument et se chamarrent le corps, les bras et les jambes ; si bien que c'est dans cet état qu'ils semblent avoir du poil follet, comme les pigeons, et autres oiseaux sortis de l'œuf. Et il est vraisemblable que certains voyageurs de nos contrées les ayant vus à leur arrivée dans cette terre parés [3] de cette façon, s'en étant retourné sans les connaître mieux, annoncèrent et firent courir le bruit que les sau-

1. *Chausses* : vêtement des hommes qui allait de la ceinture aux pieds.
2. *Albâtre* : pierre très blanche.
3. *Parés* : accoutrés, habillés, revêtus.

vages étaient velus ; mais comme je l'ai dit ci-dessus, ils ne le sont pas au naturel, et par conséquent c'était une erreur et une chose admise à la légère. [...]

Quant aux ornements de leur tête, nos *Tououpinamkuins*, outre la couronne sur le devant, et les cheveux qui pendent derrière, dont j'ai fait mention, lient et arrangent des plumes d'ailes d'oiseaux, incarnat, rouges, et d'autres couleurs, dont ils s'ornent le front, d'une manière qui ressemble assez aux cheveux vrais ou faux, qu'on appelle raquettes ou ratepenades [1], que les dames et demoiselles de France, et d'autres pays d'Europe, depuis quelque temps se sont si bien appropriées ; on dirait qu'elles ont pris cette invention à nos sauvages, qui appellent cette trouvaille *yempenambi.* [...]

S'il est par ailleurs question de sauter, boire et *caouiner* [2], ce qui est presque leur occupation ordinaire, afin qu'en plus du chant et de la voix dont ils usent habituellement dans leurs danses, ils aient encore quelque chose pour leur réveiller l'esprit, ils cueillent un fruit particulier qui est de la grosseur, et se rapproche en quelque manière de la forme de la châtaigne d'eau, et qui a la peau assez ferme, bien sec qu'il est le noyau ôté et remplacé par des petites pierres. Ils en enfilent plusieurs ensemble et en font des jambières qui, liées à leurs jambes, font autant de bruit que feraient des coquilles d'escargot ainsi disposées, voire presque autant que les son-

1. *Raquettes, ratepenades* : noms de postiches de l'époque.

2. *Caouiner* : faire la fête, ce qui consiste surtout à boire le *caouin*, boisson fermentée des sauvages.

nettes de chez nous, qu'ils convoitent fort quand on leur en apporte.

De plus, comme il y a en ce pays-là une sorte d'arbres qui porte un fruit aussi gros qu'un œuf d'autruche, et qui lui ressemble, les sauvages l'ont percé par le milieu (ainsi que vous voyez en France les enfants percer de grosses noix pour faire des moulinets) puis creusé et y ont mis de petites pierres rondes, ou bien des grains de leur gros mil, dont on parlera ailleurs ; ils passent ensuite à travers un bâton d'un pied et demi de long et en font un instrument qu'ils nomment *maraca*, plus bruyant qu'une vessie de porc pleine de pois, et que nos Brésiliens ont habituellement dans la main. Quand je traiterai de leur religion, je parlerai de leur croyance à propos de ce *maraca* et de son son, après qu'il a été enrichi par eux de belles plumes, et dédié à l'usage que nous verrons alors. Voilà en somme, au naturel, les vêtements et parures dont nos *Toüoupinambaoults* s'équipent habituellement dans leur pays. Il est vrai qu'outre tout cela, nous autres ayant apporté dans nos navires grande quantité d'étoffes rouges, vertes, jaunes et d'autres couleurs, nous leur en faisions faire des robes et des chausses bigarrées, que nous leur échangions contre des vivres, des guenons, des perroquets, du bois de Brésil, du coton, du poivre et d'autres choses de leur pays, avec lesquelles les mariniers chargent d'ordinaire leurs vaisseaux. Mais les uns, sans rien avoir sur leur corps, enfilant parfois ces chausses larges à la matelote, les autres au contraire sans chausses vêtant des jaquettes, qui ne leur arrivaient que jusqu'aux fesses, après s'être un peu regardés et promenés dans cet équipage (ce qui ne manquait pas de nous faire rire tout notre saoul), se dépouillaient de ces habits et les laissaient dans leur maison jusqu'à ce que l'envie leur vînt de les reprendre ; et ils faisaient de même avec les chapeaux et les chemises que nous leur donnions. [...]

Avant de clore ce chapitre, ce sujet appelle une réponse, tant à ceux qui ont écrit qu'à ceux qui pensent que la fréquentation de ces sauvages tout nus, et surtout des femmes, incite à la lubricité et à la paillardise [1]. Sur ce sujet, je dirai en un mot que bien qu'il soit vrai qu'apparemment il n'y a que trop d'occasions de juger qu'en plus de l'inconvenance du spectacle de ces femmes nues, cela semble aussi servir d'une sorte d'appât quotidien à la convoitise, cependant, pour en parler selon ce qu'on a généralement vu alors, cette nudité si grossière chez cette femme est beaucoup moins attrayante qu'on ne le penserait. Et, par conséquent, je soutiens que les toilettes, les fards, les fausses perruques, les cheveux tressés, les cols fraisés [2], les jupons, les robes sur robes et autres infinies bagatelles avec lesquelles les femmes et les filles de chez nous se déguisent et dont elles n'ont jamais assez, sont sans comparaison, cause de plus de maux que n'est la nudité habituelle des femmes sauvages, qui cependant ne sont pas moins belles que les autres. [...] Et plût à Dieu, pour mettre à fin à ce sujet, que chacun de nous s'habillât modestement, plus selon les convenances et la nécessité que pour la gloire et les mondanités.

1. *Lubricité et paillardise* : débauche.
2. *Fraisés* : plissés et empesés.

Chapitre X

Des animaux de l'Amérique

J'avertirai en un mot, au commencement de ce chapitre que pour ce qui est des animaux à quatre pattes, non seulement en général, mais sans exception, il ne s'en trouve pas un seul en cette terre du Brésil américain, qui soit tout à fait semblable aux nôtres, mais aussi que nos *Toüoupinambaoults* n'en nourrissent que bien rarement de domestiques. Pour donc décrire les bêtes sauvages de leur pays, genre nommé par eux *soò,* je commencerai par celles qui sont bonnes à manger. La première et la

plus commune est une bête qu'ils appellent *tapiroussou* [1], qui ayant le poil rougeâtre et assez long est presque de la grandeur, grosseur et forme d'une vache ; toutefois comme elle ne porte point de cornes, qu'elle a le cou plus court, les oreilles plus longues et pendantes, les jambes plus sèches et délicates, le pied non fendu, au contraire de la forme même de celui de l'âne, on peut dire que participant de l'un et de l'autre elle est moitié vache et moitié âne.

Néanmoins elle diffère encore entièrement de tous les deux, tant par la queue qu'elle a fort courte (et notez en cet endroit qu'il se trouve beaucoup de bêtes en Amérique qui n'en ont point du tout) que par les dents qu'elle a beaucoup plus tranchantes et aiguës ; cependant, malgré cela, n'ayant nulle défense que la fuite, elle n'est nullement dangereuse. Les sauvages la tuent, comme plusieurs autres, à coups de flèches ; ou la prennent à des chausse-trappes [2] et autres pièges qu'ils font assez habilement.

Du reste cet animal, à cause de sa peau est merveilleusement estimé d'eux, car quand ils l'écorchent, coupant en rond tout le cuir du dos, après qu'il est bien sec, ils en font des rondelles aussi grandes que le fond d'un tonneau moyen, qui leur servent à résister aux jets de flèches de leurs ennemis quand ils vont en guerre. Et, de fait, cette peau ainsi séchée et préparée est si dure, que je ne crois pas qu'il y ait flèche, si violemment décochée soit-elle, qui la puisse percer. [...]

1. C'est le tapir.
2. *Chausse-trappe* : trou recouvert cachant un piège.

Concernant la chair de ce *tapiroussou*, elle a presque le même goût que celle de bœuf, mais pour ce qui est de la cuisson et de la préparation, nos sauvages, à leur mode, la font habituellement *boucaner*. Et parce que j'ai déjà employé avant, et qu'il faudra que j'emploie souvent par la suite ce terme de *boucaner*, afin de ne plus tenir le lecteur en suspens, et parce que l'occasion se présente ici maintenant bien à propos, je veux expliquer ce que c'est.

Nos Américains donc, fichant assez profond en terre quatre fourches de bois, aussi grosses que le bras, en carré, distantes d'environ trois pieds, et également élevées en hauteur de deux et demi, mettant sur celles-ci des bâtons en travers, à un pouce ou deux doigts [1] l'un près de l'autre, font de cette façon une grille de bois qu'ils appellent *boucan*. Si bien qu'en ayant plusieurs plantés dans leurs maisons, ceux d'entre eux qui ont de la viande, la mettent dessus morceau par morceau, et avec du bois bien sec, qui ne rend pas beaucoup de fumée, faisant un petit feu lent dessous, en la tournant et retournant chaque demi quart d'heure, ils la laissent cuire ainsi autant de temps qu'il leur plaît. Et même parce qu'ils ne salent pas leurs viandes pour les garder, comme nous faisons chez nous, ils n'ont d'autre moyen de les conserver que de les faire cuire, s'ils ont pris en un jour trente bêtes fauves, ou autres comme nous le décrirons dans ce chapitre, afin d'éviter qu'elles n'empuantissent, elles seront

1. *Pouce et doigt* : mesures de longueur ; pouce : douzième partie du pied, lui-même d'à peu près trente centimètres.

immédiatement toutes mises en morceaux sur le *boucan* ; de manière que comme je l'ai dit, les tournant et retournant souvent dessus, ils les y laisseront quelquefois plus de vingt-quatre heures, et jusqu'à ce que le milieu et ce qui touche aux os soit aussi cuit que le dehors. [...]

Quant au *tatou* de cette terre du Brésil, cet animal (comme les hérissons en Europe) sans pouvoir courir aussi vite que plusieurs autres animaux, se traîne ordinairement parmi les buissons : mais en récompense il est tellement armé, et tout couvert d'écailles si fortes et si dures, que je ne crois pas qu'un coup d'épée lui fît quelque chose. Et même quand il est écorché, les écailles jouant et se maniant avec la peau (avec laquelle les sauvages font de petits sacs qu'ils appellent *caramemo*), vous diriez, la voyant pliée, que c'est un gantelet d'armure. La chair en est blanche et d'assez bonne saveur. [...]

Chapitre XI

De la variété des oiseaux d'Amérique

[...] Entre autres, il y en a deux de même grandeur, ou peu s'en faut, à savoir plus gros qu'un corbeau, qui ainsi presque que tous les oiseaux d'Amérique ont les pieds et becs crochus comme les perroquets, au nombre desquels on pourrait les mettre. Mais quant au plumage (comme vous en jugerez vous-même après l'avoir entendu) je ne crois pas qu'en tout le monde universel il puisse se trouver d'oiseaux de plus admirable beauté ; aussi en les considérant il y a bien de quoi, non pas magnifier la nature comme font les profanes, mais leur excellent et admirable Créateur.

Pour donc en faire la preuve, le premier que les sauvages appellent *arat*, ayant les plumes des ailes et celles de la queue, qu'il a longue d'un pied et demi, pour moitié aussi rouges que de l'écarlate fine, et pour l'autre moitié (la tige au milieu de chaque plume séparant toujours les couleurs opposées des deux côtés) de couleur bleu céleste aussi étincelante que la plus fine étoffe qui se puisse voir, et de plus tout le reste du corps azuré, quand cet oiseau est au soleil où il se tient habituellement, il n'y a œil qui se puisse lasser de le regarder.

L'autre nommé *canidé*, ayant tout le plumage sous le ventre et à l'entour du cou aussi jaune que de l'or fin, le dessus du dos, les ailes et la queue, d'un bleu si pur qu'il n'est pas possible de l'être plus, ayant l'impression qu'il est vêtu d'une toile d'or par-dessous, et vêtu d'un manteau aux motifs de damas violet par-dessus, on est ravi d'une telle beauté. [...]

Chapitre XII

De leur manière de pêcher

[...] Quant à la façon de pêcher des sauvages, il faut ajouter à ce que j'ai déjà dit, qu'ils prennent les mulets à coups de flèche (ce qui se doit aussi entendre de toutes les autres espèces de poissons qu'ils peuvent choisir dans l'eau) et que non seulement les hommes et les femmes de l'Amérique, ainsi que des chiens barbets, afin d'aller chercher leur gibier et leur pêche au milieu des eaux, savent tous nager, mais aussi les petits enfants dès qu'ils commencent à marcher, se mettant dans les rivières et sur le bord de la mer, grenouillent déjà dedans comme de petits canards. À titre d'exemple je raconterai brièvement qu'ainsi, un dimanche matin, en nous promenant sur une plate-forme de notre fort, nous vîmes se renverser en mer une barque d'écorce (faite d'une façon que je décrirai ailleurs) dans laquelle il y avait plus de trente personnes sauvages, des grands et des petits qui venaient nous voir. Comme, en grande diligence, nous pensions les secourir avec un bateau, nous fûmes aussitôt vers eux ; les ayant tous trouvés nageant et riant sur l'eau, il y en eut un qui nous dit :

« Et où allez-vous ainsi, si hâtivement, vous autres *Mairs* (ainsi appellent-ils les Français) ?

— Nous venons, dîmes-nous, pour vous sauver et retirer de l'eau.

— Vraiment, dit-il, nous vous en savons bon gré [1] ; mais, du reste, croyez-vous que pour être tombés dans la mer, nous soyons pour cela en danger de nous noyer ? Nous demeurerions plutôt huit jours dessus, de la façon que vous nous y voyez, sans prendre pied, ni aborder la terre. De manière, dit-il, que nous avons beaucoup plus de peur, que quelques grands poissons ne nous tirent par le fond, que nous ne craignons de couler de nous-mêmes. »

Alors les autres, qui tous nageaient vraiment aussi aisément que des poissons, étant avertis par leur compagnon de la cause de notre venue si soudaine vers eux, en s'en moquant, se prirent si fort à rire, que comme une troupe de Marsouins nous les voyions et entendions souffler et ronfler sur l'eau. Et de fait, bien que nous fussions encore à plus d'un quart de lieue de notre fort, il n'y en eut cependant que quatre ou cinq — plus encore pour causer avec nous que par appréhension du danger — qui voulurent se mettre dans notre bateau. J'observai que les autres quelquefois en nous devançant, non seulement nageaient aussi droit et aussi bien qu'ils voulaient, mais aussi, quand bon leur semblait, ils se reposaient sur l'eau. Et quant à leur barque d'écorce, aux quelques lits de coton, vivres et autres objets qui étaient dedans et qu'ils nous apportaient, le tout étant submergé, ils ne s'en souciaient certes pas plus que vous feriez d'avoir perdu une pomme. Car disaient-ils : « n'y en a-t-il pas d'autres au pays ? ». [...]

1. Nous vous en remercions.

Chapitre XIII

Des arbres, herbes, racines et fruits exquis que produit la terre du Brésil

[...] Premièrement, parce que parmi les arbres les plus célèbres, et maintenant connus parmi nous, le bois de Brésil (duquel aussi cette terre a pris son nom pour nous) à cause de la teinture qu'on en fait, est des plus prisés, j'en ferai ici la description. Cet arbre donc, que les sauvages appellent *araboutan*, croît habituellement aussi haut et touffu que les chênes des forêts de ce pays, et il s'en trouve de si gros que trois hommes ne pourraient en embrasser un seul tronc. [...]

Mais concernant la manière d'en charger les navires, que je veux mentionner ici, notez que tant à cause de la dureté et par conséquent de la difficulté qu'il y a de couper ce bois, que parce qu'il n'y a ni chevaux, ni ânes, ni autres bêtes pour porter, charrier ou traîner les fardeaux dans ce pays-là, il faut nécessairement que ce soient les hommes qui fassent ce travail-là ; et si les étrangers qui voyagent là-bas n'étaient pas aidés par les sauvages, ils ne pourraient charger un navire moyen en un an.

[...] Du reste, parce que nos *Toüoupinambaoults* sont tout à fait ébahis de voir les Français et autres habitants de pays lointains prendre tant de peine pour venir chercher leur *arabotan*, c'est-à-dire bois de Brésil, il y eut une fois un vieillard parmi eux qui, à ce sujet, m'interrogea de la manière suivante :

« Que signifie le fait que vous autres *Mairs* et *Peros*, c'est-à-dire Français et Portugais, vous veniez de si loin chercher du bois pour vous chauffer ? N'y en a-t-il point dans votre pays ? »

À quoi lui ayant répondu que si, et en grande quantité, mais pas des mêmes espèces que les leurs, ni surtout de bois de Brésil que nous ne brûlions pas comme il le pensait, mais (comme eux-mêmes s'en servaient pour rougir leurs cordons de coton, leurs plumes et d'autres choses) que les nôtres emmenaient pour faire de la teinture, il me répliqua immédiatement :

« Soit, mais vous en faut-il tant ?

— Oui, lui dis-je (pour le persuader) car comme il y a tel marchand dans notre pays qui a plus d'étoffes et de draps rouges, voire (essayant toujours de lui parler des choses qui lui étaient connues) de couteaux, de ciseaux, de miroirs et autres marchandises que vous n'en avez jamais vu ici, un tel marchand, à lui seul achètera tout le bois de Brésil dont plusieurs navires s'en retournent chargés, de ton pays.

— Ha, ha, dit mon sauvage, tu me racontes des choses étonnantes. »

Puis ayant bien retenu ce que je venais de lui dire, m'interrogeant plus avant, il dit :

« Mais cet homme si riche dont tu me parles, ne meurt-il point ?

— Si fait, si fait, lui dis-je, aussi bien que les autres. »

Sur quoi, comme ils sont aussi grands discoureurs, et qu'ils poursuivent fort bien un propos jusqu'au bout, il me demanda de nouveau :

« Et quand donc il est mort, à qui est tout le bien qu'il laisse ?

— À ses enfants s'il en a, et à défaut, à ses frères, ses sœurs ou à ses plus proches parents.

— Vraiment, dit alors mon vieillard (qui comme vous le jugerez n'était nullement lourdaud), maintenant je sais que vous autres Français vous êtes de grands fous ; car vous faut-il tant vous tourmenter à passer la mer, sur laquelle (comme vous nous le dîtes en arrivant ici) vous endurez tant de maux, pour amasser des richesses ou pour vos enfants ou pour ceux qui survivent après vous ? La terre qui vous a nourris n'est-elle pas suffisante pour les nourrir ? Nous avons, ajouta-t-il, des parents et des enfants, que, comme tu le vois, nous aimons et chérissons, mais parce que nous sommes sûrs qu'après notre mort la terre qui nous a nourris les nourrira, sans nous en soucier plus nous nous reposons sur cela. »

Voilà sommairement le véridique discours que j'ai entendu de la propre bouche d'un pauvre sauvage américain. Par conséquent, outre que cette nation que nous estimons si barbare, se moque de bonne grâce de ceux qui au péril de leur vie passent la mer pour aller chercher du bois de Brésil afin de s'enrichir, encore doit-on ajouter que pour aveugle qu'elle soit [1], attribuant plus de pouvoir à la

1. Elle n'a pas reçu la Révélation chrétienne, puisqu'elle n'a pas été évangélisée. Elle n'a pas encore reçu la parole du Dieu chrétien.

nature et à la fertilité de la terre que nous ne le faisons à la puissance et à la providence de Dieu, elle se lèvera en accusatrice contre les voleurs qui portent le titre de chrétiens, dont la terre de chez nous est aussi remplie que leur pays en est vide, pour ce qui concerne ses habitants naturels. Par conséquent, comme, ainsi que je l'ai dit ailleurs, les *Toüoupinambaoults* haïssent mortellement les gens cupides, plût à Dieu qu'afin qu'ils servent déjà de démons et de furies pour tourmenter nos gouffres insatiables, qui n'ayant jamais assez ne font ici que sucer le sang et la moelle des autres, ils fussent tous confinés parmi eux. Il fallait qu'à notre grande honte, et pour justifier nos sauvages du peu de soin qu'ils ont des choses de ce monde, je fisse cette digression en leur faveur. [...]

Quant aux plantes et herbes dont je veux aussi faire mention je commencerai par celles qui, à cause de leurs fruits et de leurs effets me semblent les plus excellentes. Premièrement, la plante qui produit le fruit nommé par les sauvages *ananas*, est de forme semblable aux glaïeuls, et encore ayant les feuilles un peu courbées et cannelées tout autour, elles s'approchent plus de celles de l'aloès. Elle croît aussi non seulement amoncelée comme un grand chardon, mais son fruit aussi, qui est de la grosseur d'un melon moyen, et ressemble à une pomme de pin, sans pendre ni pencher d'un côté ni de l'autre, pousse comme nos artichauts.

Et du reste, quand ces *ananas* sont venus à maturité, étant de couleur jaune azuré, ils ont une telle odeur de framboise, que non seulement en allant par les bois et les autres lieux où ils croissent, on les

sent de fort loin, mais aussi leur goût fondant dans la bouche est naturellement si doux qu'il n'y a confiture de ce pays qui les surpasse : je soutiens que c'est le plus excellent fruit de l'Amérique. Et, de fait, moi-même, là-bas, j'en ai pressé un dont j'ai fait sortir près d'un verre de suc, et cette liqueur ne me semblait pas inférieure au vin de malvoisie [1]. Cependant les femmes sauvages nous apportaient de pleins paniers de grande taille qu'elles nomment *panacons*, avec de ces *pacos* [2] dont j'ai naguère fait mention, et

1. *Vin de malvoisie* : vin grec doux et liquoreux qui porte le nom d'une île grecque.
2. Ce sont les bananes.

d'autres fruits que nous avions d'elles pour un peigne ou pour un miroir.

Pour ce qui est des simples [1], que cette terre du Brésil produit, il y en a une entre autres que nos *Toüoupinambaoults*, nomment *petun* [2], qui croît un peu plus haut que notre grande oseille, a des feuilles assez semblables, mais encore plus proches de celles de *Consolida maior*. Cette herbe, à cause de la singulière vertu qu'elle a, vous allez l'entendre, est en grande estime parmi les sauvages ; et voici comment ils l'utilisent. Après qu'ils l'ont cueillie, pendue par petites poignées, et fait sécher en leurs maisons, ils en prennent quatre ou cinq feuilles qu'ils enveloppent dans une autre grande feuille d'arbre, à la façon d'un cornet d'épice ; ils y mettent alors le feu par le petit bout, et le mettant ainsi un peu allumé dans leurs bouches, ils en tirent de cette manière la fumée, qui bien qu'elle leur ressorte par les narines et par leurs lèvres trouées, ne laisse pas néanmoins de tellement les sustenter [3] que, surtout s'ils vont à la guerre et que la nécessité les presse, ils seront trois ou quatre jours sans se nourrir d'autre chose. Il est vrai qu'ils en usent encore à un autre égard : car parce que cela leur fait distiller les humeurs superflues du cerveau, vous ne verriez guère nos Brésiliens sans qu'ils aient chacun un cornet de cette herbe pendu au col, mais aussi, à tout moment, et en vous parlant, cela leur donnant une contenance, ils en hument la fumée, qui,

1. *Simples* : plantes médicinales.
2. Il s'agit du tabac.
3. *Sustenter* : nourrir.

comme je l'ai dit (eux resserrant soudain leur bouche), leur ressort par le nez et par les lèvres fendues comme hors d'un encensoir [1]. La senteur n'en est pas déplaisante. Cependant je n'ai point vu les femmes en utiliser, et je ne sais quelle en est la raison ; mais je dirai bien qu'ayant moi-même expérimenté cette fumée de *petun*, j'ai senti qu'elle rassasie et garde bien d'avoir faim. [...]

C'est pourquoi toutes les fois que l'image de ce nouveau monde, que Dieu m'a fait voir, se représente devant mes yeux, et que je considère la sérénité de l'air, la diversité des animaux, la variété des oiseaux, la beauté des arbres et des plantes, l'excellence des fruits, et bref, en général, les richesses dont cette terre du Brésil est décorée, immédiatement cette exclamation du Prophète au psaume 104 [2], me vient en mémoire :

Ô Seigneur Dieu que tes œuvres diverses
Sont merveilleuses par le monde univers :
Ô que tu as tout fait par grand sagesse !
Bref la terre est pleine de ta largesse [3].

Ainsi donc, heureux les peuples qui y habitent, s'ils connaissaient l'auteur et créateur de toutes ces choses, mais au lieu de cela je vais traiter des sujets qui montreront combien ils en sont éloignés.

---

1. *Encensoir* : récipient religieux dans lequel brûle l'encens .
2. Les psaumes sont des poèmes religieux qui constituent l'un des livres de la Bible. Chacun est prononcé par un prophète, c'est-à-dire un homme inspiré par Dieu.
3. Nous gardons la traduction de Marot qui était celle qu'utilisaient les protestants français au XVIe siècle, Marot étant lui-même un poète français proche des protestants (1496-1544).

Chapitre XIV

De la guerre, combats, hardiesse et armes des sauvages

[...] Ces barbares ne se font pas la guerre pour conquérir les pays et terres les uns des autres, car chacun en a plus qu'il ne lui en faut, encore moins les vainqueurs prétendent-ils s'enrichir des dépouilles, rançons et armes des vaincus ; ce n'est pas dis-je tout cela qui les mène. Car, comme eux-mêmes le confessent, n'étant poussé d'autre passion que de venger, chacun de son côté, ses parents et amis, qui par le passé ont été pris et mangés, de la façon que je dirai au chapitre suivant, ils sont tellement acharnés les uns à l'encontre des autres, que quiconque tombe en la main de son ennemi, doit sans autre disposition s'attendre à être traité de même, c'est-à-dire assommé et mangé. De plus, dès que la guerre a été une fois déclarée entre certaines de ces nations, tous disant qu'attendu que l'ennemi qui a reçu l'injure s'en ressentira à jamais, c'est trop lâche de le laisser échapper quand on le tient à sa merci, leurs haines sont tellement invétérées [1] qu'ils demeurent perpétuellement irréconciliables. [...]

1. *Invétérées* : très vieilles.

Chapitre XV

Comment les Américains traitent leurs prisonniers pris en guerre, et les cérémonies qu'ils observent tant à les tuer qu'à les manger

Il reste maintenant à savoir comment les prisonniers pris en guerre sont traités au pays de leurs ennemis. Dès qu'ils y sont donc arrivés, ils sont non seulement nourris des meilleures viandes qu'on peut trouver, mais aussi on donne des femmes aux hommes (et non des maris aux femmes), celui qui aura un prisonnier ne faisant même pas de difficulté pour lui donner sa fille ou sa sœur en mariage [...]. Néanmoins après les avoir engraissés, comme des pourceaux dans l'auge, ils sont finalement assommés et mangés avec les cérémonies suivantes.

Premièrement après que tous les villages d'alentour de celui où sera le prisonnier auront été avertis du jour de l'exécution, hommes, femmes et enfants étant arrivés au village de toutes parts, la matinée se passera à danser, boire et *caouiner*. Même celui qui n'ignore pas qu'une telle réunion se faisant à ses dépens, il devra bientôt être assommé, sera couvert de plumes et loin d'être attristé, au contraire, sautant et buvant sera des plus joyeux. Or, cependant après qu'avec les autres il aura ainsi fait la fête et chanté six ou sept heures durant, deux ou trois des hommes les plus considérés de la troupe l'empoigneront et le lieront par le milieu du corps avec des cordes de coton ou d'autres faites de l'écorce d'un arbre qu'ils appellent *yvire*, qui est semblable à celle du chanvre de chez nous, sans qu'il oppose aucune résistance bien qu'on lui laisse les deux bras libres. Il sera ainsi quelque temps promené en trophée dans le village. Mais pensez-vous qu'encore pour cela (ainsi que le feraient les criminels de chez nous) il en baisse la tête ? Pas le moins du monde : car au contraire, avec une audace et une assurance incroyable, se vantant de ses prouesses passées, il dira à ceux qui le tiennent lié : « J'ai moi-même, vaillant comme je le suis, d'abord ainsi lié et garrotté [1] vos parents. » Puis s'exaltant toujours de plus en plus, avec la même contenance, sc tournant de tous les côtés, il dira à l'un : « j'ai mangé de ton père », à l'autre « j'ai assommé et *boucané* tes frères, bref ajoutera-t-il, d'une manière générale, j'ai mangé tant d'hommes, de femmes voire d'enfants *toüoupinambaoults*, que j'ai pris en guerre, que je n'en saurais dire le nombre et, du reste, ne doutez pas que pour venger ma mort, les *Margajas* auxquels j'appartiens, en mangeront encore ensuite autant qu'ils pourront en attraper ».

Finalement après qu'il aura été ainsi exposé à la vue de tous, [...] on lui apporte des pierres et des tessons de vieux pots cassés, ou de tous les deux ensemble, puis les deux qui tiennent les cordes, de

1. *Garrotter* : attacher très solidement comme avec un garrot, c'est-à-dire un morceau de bois servant à serrer une corde.

peur d'être blessés se couvrent chacun d'une de ces rondelles faites de la peau d'un *tapiroussou,* dont j'ai parlé ailleurs, et lui disent : « venge-toi avant de mourir » ; si bien qu'il jette et lance des morceaux avec force et énergie contre ceux qui sont là assemblés autour de lui, quelquefois au nombre de trois ou quatre mille personnes et ne demandez pas s'il y en a de marqués. [...]

Ainsi pour continuer ce propos, après ces contestations, et le plus souvent tandis qu'ils se parlent encore, celui qui est là tout prêt à faire ce massacre, lève alors sa massue de bois avec les deux mains, et donne du rondeau qui est au bout un coup d'une si grande force sur la tête du pauvre prisonnier, qu'exactement de la même façon que les bouchers assomment les bœufs chez nous, j'en ai vu qui, du premier coup tombaient tout à fait raides morts, sans remuer ensuite bras ni jambe. [...]

Alors, aussitôt que le prisonnier aura été ainsi assommé, s'il avait une femme (comme j'ai dit qu'on en donne à certains), elle se met auprès du corps et le pleure un peu ; je dis qu'elle le pleure un peu, car faisant vraiment ce qu'on dit que le crocodile fait — à savoir qu'ayant tué un homme, il pleure à côté de lui avant que de le manger — de la même manière, après que cette femme aura ainsi exprimé ses regrets et aura jeté quelques semblants de larmes sur son mari mort, si elle le peut, ce sera la première qui en mangera. Cela fait, les autres femmes, et principalement les vieilles (qui plus désireuses de manger de la chair humaine que les jeunes sollicitent sans relâche tous ceux qui ont des prisonniers de les expédier ainsi rapidement) se présentant avec de l'eau chaude qu'elles ont toute prête, frottent et ébouillantent le corps mort de telle façon qu'en ayant enlevé la première peau, elles le rendent aussi blanc que les cuisiniers de chez nous rendent un cochon de lait prêt à rôtir.

Après cela, celui dont il était prisonnier, aidé d'autant d'autres qu'il lui plaira, prenant ce pauvre corps le fendront et le mettront si rapidement en pièces qu'il n'y a boucher de ce pays-ci qui puisse plus vite découper un mouton. Mais outre cela (ô cruauté plus que prodigieuse) exactement de la même manière que les chasseurs de chez nous après qu'ils ont pris un cerf en donnent la curée aux chiens, de la même manière ces barbares afin d'exciter d'autant plus leurs enfants et de les rendre

acharnés, les prenant l'un après l'autre, ils leur frottent le corps, les bras, cuisses et jambes du sang de leur ennemi. [...]

Alors, tous les morceaux du corps, et même les tripes après être bien nettoyées, sont immédiatement mis sur les *boucans*, auprès desquels, pendant que le tout cuit ainsi à leur mode, les vieilles femmes (qui comme j'ai dit ont un étonnant appétit de chair humaine) étant toutes assemblées pour recueillir la graisse qui dégoutte le long des bâtons de ces grandes et hautes grilles de bois, exhortant les hommes à faire en sorte qu'elles aient toujours de la viande de cette sorte, lèchent leurs doigts et disent « *Yguatou* », c'est-à-dire, il est bon. [...]

Quand la chair d'un prisonnier, ou de plusieurs (car ils en tuent quelquefois deux ou trois en un jour) est ainsi cuite, tous ceux qui ont assisté au spectacle du massacre se réjouissent de nouveau autour des *boucans*, sur lesquels avec coups d'œil et regards de fous ils contemplent les morceaux et les membres de leurs ennemis. Quel que soit leur nombre, chacun, s'il est possible, avant de sortir de là en aura son morceau. Non pas cependant, comme on pourrait le penser, qu'ils fassent cela pour se nourrir ; car bien que tous avouent que cette chair humaine est merveilleusement bonne et délicate, cependant, c'est plus par vengeance, que pour le goût qu'ils le font (hormis ce que j'ai dit à propos des vieilles femmes en particulier qui en sont si friandes). Leur principale intention est qu'en poursuivant et en rongeant ainsi les morts jusqu'aux os, ils suscitent par ce moyen la crainte et l'épouvante des vivants. Et de fait pour assouvir leurs courages cruels, tout ce qui peut se trouver sur les corps de tels prisonniers, depuis les extrémités des orteils jusqu'au nez, aux oreilles et au sommet de la tête, est entièrement mangé par eux ; j'excepte toutefois la cervelle à laquelle ils ne touchent point. Et de plus, comme nos *Toüoupinambaoults* conservent les crânes par monceaux dans leurs villages, comme on voit chez nous des têtes de morts dans les cimetières, la première chose qu'ils font quand les Français viennent les voir et leur rendre visite, c'est qu'en racontant leurs exploits et en leur montrant les trophées de ces crânes ainsi décharnés, ils disent qu'ils traiteront de même tous leurs ennemis. De la même façon, ils gardent fort soigneusement les plus gros os des cuisses et des bras, pour (comme je l'ai dit au chapitre précédent) faire des fifres et des flûtes, comme les dents, qu'ils arrachent et enfilent comme des patenôtres [1], et qu'ils portent ainsi entortillées autour de leur cou. [...]

Quant à celui ou à ceux qui ont commis ces meurtres, considérant cela comme glorieux et honorable, dès le jour même où ils auront fait le coup, se retirant à part, ils se feront non seulement inciser jusqu'au sang, la poitrine, les bras, les cuisses, le gras des jambes, et les autres parties du corps, mais aussi, afin que cela soit visible toute leur vie, ils frottent ces entailles de certaines mixtures et de poudre noire, ce qui ne s'efface jamais. De telle sorte que plus ils sont ainsi tailladés, plus on reconnaît qu'ils ont tué beaucoup de prisonniers, et par conséquent plus ils sont estimés vaillants par les autres. [...]

Il me semble que ce que j'en ai dit est assez pour faire sentir l'horreur et dresser à chacun les cheveux sur la tête. Néanmoins afin que ceux qui liront ces choses si horribles commises chaque jour parmi ces nations barbares du Brésil, pensent aussi un peu de près à ce qui se fait de notre côté parmi nous, je dirai en premier lieu sur ce sujet que si on considère à bon escient ce que font nos gros usuriers [2] (qui sucent le sang et la moelle et par conséquent mangent vivants tant de veuves, d'orphelins et d'autres pauvres personnes auxquelles il vaudrait mieux couper la gorge d'un coup que de les faire

1. *Patenôtres* : grains du chapelet. *Chapelet* : objet catholique constitué d'une suite de grains enfilés sur un fil fermé qu'on fait glisser entre les doigts en récitant les prières.

2. *Usurier* : personne qui prête de l'argent contre des objets d'une valeur bien plus grande que la somme prêtée et qui exige un fort taux d'intérêt.

ainsi languir) on dira qu'ils sont encore plus cruels que les sauvages dont je parle. [...] Et sans aller plus loin, en la France quoi ? (Je suis français et cela me blesse de le dire) durant la sanglante tragédie qui commença à Paris le 24 août 1572 [1], dont je n'accuse point ceux qui n'en sont pas cause, entre autres actes horribles à raconter, qui se perpétuèrent alors à travers tout le royaume, la graisse des corps humains (qui d'une façon plus barbare et cruelle que celle des sauvages furent massacrés dans Lyon, après avoir été retirés de la rivière de la Saône) ne fut-elle pas publiquement vendue aux enchères au plus offrant ? Les foies, les cœurs et les autres parties des corps de quelques-uns ne furent-ils pas mangés par les meurtriers fous furieux, dont les enfers ont horreur ? De la même façon après qu'un nommé Cœur de Roy, faisant profession de la religion réformée [2] dans la ville d'Auxerre, fut misérablement massacré, ceux qui commirent ce meurtre ne découpèrent-ils pas son cœur en pièces, pour l'exposer et le vendre à ceux qui le haïssaient et qui finalement, l'ayant fait griller sur des charbons, assouvissant leur rage comme des chiens, en mangèrent ? Il y a encore des milliers de personnes en vie, qui témoigneront de ces choses qu'on n'avait jamais entendues auparavant parmi quelque peuple que ce soit, et les livres qui depuis longtemps les ont imprimées en feront foi pour la postérité. [...]

1. Date de la Saint-Barthélemy où le pouvoir royal fit massacrer les protestants de France, faisant près de 30 000 victimes.
2. Se disant protestant.

Par conséquent qu'on n'abhorre [1] plus tant désormais la cruauté des sauvages anthropopages, c'est-à-dire, mangeurs d'hommes, car puisqu'il y en a de semblables, voire de plus détestables et pires au milieu de nous, qu'eux qui, comme il a été vu, ne se jettent que sur les nations qui leur sont ennemies et qui se sont plongées dans le sang de leurs parents, voisins et compatriotes, il ne faut pas aller si loin qu'en leur pays ni qu'en l'Amérique pour voir des choses aussi monstrueuses ni aussi prodigieuses.

1. *Abhorrer* : détester, avoir en horreur.

Chapitre XVII

Du traitement de leurs petits enfants

[...] Quoiqu'on estime communément chez nous, que si les enfants, en leur tendre et première jeunesse, n'étaient bien serrés et emmaillotés [1] ils seraient contrefaits [2], et auraient les jambes courbées, je dis que bien que cette coutume ne soit nullement observée à l'endroit des Américains (qui, comme j'en ai déjà touché mot, dès leur naissance sont tenus et couchés sans être enveloppés) que néanmoins il n'est pas possible de voir des enfants marcher ni aller plus droit qu'ils font. Sur quoi toutefois, concédant bien que l'air doux et la bonne température de ce pays-là en est cause en partie, j'accorde qu'il est bon en hiver de tenir les enfants de chez nous enveloppés, couverts et bien serrés dans les berceaux, parce qu'autrement ils ne pourraient résister au froid. Mais en été, voire aux saisons tempérées, principalement quand il ne gèle point, il me semble [...] par l'expérience que j'en ai vue, qu'il vaudrait mieux laisser au large les petits enfants gambader tout à leur aise parmi quelque genre de lit

1. *Emmaillotés* : on enveloppait les bébés dans des langes qui les empêchaient de bouger.
2. *Contrefaits* : difformes.

qu'on pourrait faire, dont ils ne sauraient tomber, que de les maintenir si serrés. Et de fait, je crois que cela nuit beaucoup à ces petites et tendres créatures, d'être ainsi, durant les grandes chaleurs, échauffées et comme à demi cuites dans ces maillots où on les maintient comme en la géhenne [1].

1. *Géhenne* : Enfer biblique, et par extension torture.

Chapitre XVIII

Comment les sauvages traitent et reçoivent humainement leurs amis qui les vont visiter

Quant à l'organisation civile de nos sauvages, c'est une chose presque incroyable, et qui ne peut se dire sans faire honte à ceux qui ont les lois divines et humaines, comme, conduits seulement par leur naturel, quelque dégradé qu'il soit, ils sont unis et vivent si bien en paix les uns avec les autres. J'entends toutefois chaque nation avec elle-même, ou celles qui sont alliées ensemble ; car pour ce qui est des ennemis, il a été vu en son lieu de quelle manière étrange ils sont traités. [...]

Bien que nos *Toüoupinambaoults* reçoivent fort humainement les étrangers amis qui viennent leur rendre visite, néanmoins les Français et autres Européens qui ne comprennent pas leur langage se trouvent au commencement merveilleusement frappés d'étonnement au milieu d'eux. Et, pour ma part, la première fois que je les fréquentai, ce fut trois semaines après que nous fûmes arrivés dans l'île de Villegagnon, où un interprète m'emmena avec lui sur la terre ferme dans quatre ou cinq villages. Quand nous fûmes arrivés au premier nommé *Yabouraci* dans la langue du pays, et Pepin par les

Français (à cause d'un navire qui y chargea une fois, dont le maître s'appelait ainsi), qui n'était qu'à deux lieues de notre fort, je me vis immédiatement entouré de sauvages qui me demandaient : « *Marapé-dereré, marapé-dereré* », c'est-à-dire, « Quel est ton nom, quel est ton nom ? » (ce qui pour moi alors était du haut allemand [1]). Et du reste l'un ayant pris mon chapeau qu'il mit sur sa tête, l'autre mon épée et ma ceinture qu'il ceignit sur son corps tout nu, l'autre ma casaque qu'il revêtit, eux dis-je m'étourdissant de leurs cris et courant ainsi au milieu de leur village avec mes hardes, non seulement je pensais avoir tout perdu, mais aussi je ne savais où j'en étais. Mais comme l'expérience me l'a montré plusieurs fois depuis, ce n'était que faute de connaître leur manière de faire. Car faisant de même à tous ceux qui les visitent, et principalement à ceux qu'ils n'ont point encore vus, après qu'ils se sont ainsi un peu joués des affaires d'autrui, ils rapportent et rendent le tout à ceux à qui elles appartiennent. Là-dessus l'interprète m'ayant averti qu'ils désiraient surtout savoir mon nom, mais que leur dire Pierre, Guillaume ou Jean, comme ils ne pouvaient les prononcer ni les retenir était inutile (comme de fait, au lieu de dire Jean ils disaient Nian), il fallait que je m'arrange pour leur nommer une chose qui leur fût connue. Comme il me dit fort à propos que mon nom Léry, signifie une huître dans leur langue, je leur dis que je m'appelais *Lery-oussou* : c'est-à-dire, une grosse huître. De quoi ils furent bien satisfaits,

1. Cela signifie qu'il n'y comprend rien.

et avec leur expression d'admiration *Teh !* se mettant à rire, ils dirent : « Vraiment voilà un beau nom, et nous n'avions pas encore vu de *Mair*, c'est-à-dire de Français, qui s'appelât ainsi. » Et, de fait, je puis assurément dire que jamais Circé ne métamorphosa homme en une si belle huître, ni qui discourût si bien avec Ulysse [1] que j'ai depuis fait avec nos sauvages. [...]

1. Voir *L'Odyssée*, X, 133-273, Circé est une magicienne qui avait transformé les compagnons d'Ulysse en pourceaux.

Chapitre XXI

De notre départ de la terre du Brésil

[...] Après que ce navire qu'on appelait *Le Jacques*, fut chargé de bois de Brésil, de poivre long, de cotons, de guenons, de sagouins, de perroquets et autres choses rares chez nous, dont la plupart d'entre nous s'étaient fournis auparavant, le 4 janvier 1558, nous nous embarquâmes pour notre retour. [...]

À cause des tourments que nous avions endurés à l'aller, sans le mauvais tour que nous joua Villegagnon, plusieurs d'entre nous, ayant là non seulement moyen de servir Dieu, comme nous le désirions, mais aussi ayant goûté à la bonté et à la fertilité du pays, n'auraient pas décidé de retourner en France, où les difficultés étaient alors et sont encore à présent sans comparaison beaucoup plus grandes, tant pour la religion que pour les choses concernant cette vie. Si bien que pour dire ici adieu à l'Amérique, j'avoue en mon for intérieur, que, bien que j'aie toujours aimé et que j'aime encore ma patrie, néanmoins, voyant non seulement le peu mais pour ainsi dire l'absence de loyauté qui y reste, et qui pis est, les trahisons dont on use les uns envers les autres [...], je regrette souvent de ne pas être parmi les sauvages, auxquels (ainsi que je l'ai amplement montré en cette histoire) j'ai connu plus de franchise qu'à plusieurs de chez nous, qui pour leur condamnation, portent le titre de Chrétiens. [...]

Chapitre XXII

De l'extrême famine, des tempêtes et autres dangers dont Dieu nous préserva en repassant en France

[...] Le pilote pour n'avoir pas bien observé sa route se trompa tellement, que quand il nous dit que nous approchions du cap de Fine Terre (qui est sur la côte d'Espagne), nous étions encore à la hauteur des îles des Açores, qui en sont à plus de trois cents lieues. Cette erreur donc, en matière de navigation, fut cause que dès la fin du mois d'avril nous fûmes entièrement dépourvus de vivres. À tel point que le dernier mets fut issu du nettoyage et du balayage de la soute, c'est-à-dire de la chambrette blanchie à la chaux et plâtrée où l'on garde le biscuit dans les navires. Y ayant trouvé plus de vers et de crottes de rats que de miettes de pain, séparant néanmoins l'un de l'autre avec des cuillers, nous en faisions de la bouillie, qui était aussi noire et amère que de la suie ; vous pouvez penser si c'était plaisant d'en manger. De plus, ceux qui avaient encore des guenons et des perroquets (car depuis longtemps plusieurs avaient déjà mangé les leurs) pour leur apprendre un langage qu'ils ne savaient pas encore, les mettant au cabinet [1] de leur mémoire les firent servir de nourriture. Bref, dès le commencement du mois de mai où tous les vivres ordinaires manquèrent parmi nous, deux mariniers moururent enragés d'une faim cruelle et furent jetés par-dessus bord et ensevelis en mer, selon l'habitude marine.

De plus, durant cette famine, la tempête continuant jour et nuit pendant trois semaines, nous ne fûmes pas seulement, à cause de la mer merveilleusement haute et agitée, contraints de plier toutes les voiles et de lier le gouvernail, mais aussi, ne pouvant plus conduire le vaisseau, il fallut le laisser aller au gré des ondes et du vent, de manière que cela empêcha, tout le temps, alors que nous en avions grand besoin, que nous puissions pêcher un seul poisson. En somme, nous voilà à nouveau tout à coup plongés dans la famine jusqu'aux dents, assaillis par l'eau par-dedans et tourmentés par les vagues au-dehors. [...]

Dieu, qui soutenant nos corps d'autres choses que de pain et de viandes ordinaires, nous tendait la main au port, fit par sa grâce que le vingt-quatre mai 1558 (lorsque tous étendus sur le tillac sans pouvoir presque remuer bras ni jambes, nous n'en pouvions plus) nous vîmes la basse Bretagne. [...] Le maître du navire dit tout haut, que certainement, si nous étions demeurés un jour de plus dans cette situation, il avait choisi et résolu, non pas de tirer au sort, comme certains l'ont fait dans une semblable

1. On réunissait alors les objets admirables dans des sortes de musées privés appelés cabinets de curiosité.

détresse, mais sans en parler de tuer l'un d'entre nous pour servir de nourriture aux autres. [...]

Pour conclusion, puisque, comme j'ai montré dans l'histoire présente, non seulement en général, mais aussi en particulier j'ai été délivré de tant de sortes de dangers, voire de tant de gouffres mortels, ne puis-je pas bien dire avec cette sainte femme, mère de Samuel [1], que j'ai connu par expérience que l'Éternel [2] est celui qui fait mourir et fait vivre ? [...] C'est pour finir ce que j'ai observé, tant sur mer à l'aller et au retour de la terre du Brésil dite Amérique, que parmi les sauvages habitant ce pays, qui pour des raisons que j'ai amplement exposées, peut bien être appelé monde nouveau à notre égard. Je sais bien toutefois qu'ayant un si beau sujet je n'ai pas traité les divers aspects que j'ai abordés d'un style ni d'une manière si grave qu'il aurait fallu [...] Je prie à nouveau les lecteurs, pour suppléer ces défauts du langage, qu'ils considèrent combien la pratique du conteur dans cette histoire m'a été pénible et dure ; ils reçoivent ma bonne affection en paiement. Or au Roi des siècles immortel et invisible, à Dieu seul sage soit honneur et gloire éternellement, Amen.

1. *Samuel* : prophète de la Bible. Sa mère était stérile, elle implora Dieu et fut peu après enceinte de Samuel. Elle remercia Dieu dans une prière en disant notamment : « L'Éternel fait mourir et il fait vivre. »
2. *L'Éternel* : Dieu.

Dossier-lecture

Pêro Vaz de Caminha
« Lettre au roi Dom Manuel » (1500)

Ce compagnon de voyage du découvreur du Brésil, Pedro Alvares Cabral, écrivit immédiatement après la découverte de ces nouveaux rivages une lettre au roi du Portugal Dom Manuel pour lui décrire cette nouvelle contrée et officialiser la découverte. Nous en avons extrait deux passages [1] qui racontent des premiers contacts sans échange verbal et tous les deux placés sous le signe d'un rire libérateur. Dans le premier texte on assiste au mime d'un échange entre le chapelet pris par l'Indien pour un simple collier et de l'or ; mime car les Européens reprennent leur chapelet et les Indiens n'ont fait que promettre de l'or et encore sans doute est-ce une mauvaise interprétation car « c'est là ce que nous comprenions car tel était notre désir » dit le narrateur. Mais ce mime est une représentation comique qui amuse les acteurs et le lecteur en montrant un contact pacifique. Le deuxième texte montre un contact encore plus étonnant : une danse qui apparaît comme un moyen d'apprivoiser, c'est-à-dire de rendre moins sauvage par le rire partagé, et dont le récit se termine par une réflexion sur ce qu'est la sauvagerie. Premiers contacts furtifs qui annoncent déjà les scènes rapportées par Léry.

« C'est là ce que nous comprenions car tel était notre désir »

Le commandant lorsqu'ils arrivèrent était assis sur une chaise, un tapis à ses pieds en guise d'estrade, richement

1. Traduits du portugais par Jacqueline Penjon et Anne-Marie Quint, dans *Le Voyage de Gonneville*, Éditions Chandeigne, 1995.

vêtu, un très long collier d'or autour du cou ; Sancho de Tovar, Simão de Miranda, Nicolau Coelho, Aires Correia et nous autres qui sommes sur la même nef, étions assis à terre, sur le tapis. On alluma des torches, les deux hommes entrèrent sans ébaucher le moindre salut ni faire mine de parler au commandant ou à quiconque ; mais l'un d'eux aperçut le collier du commandant et commença à désigner de la main la terre et puis le collier, semblant nous dire qu'il y avait de l'or là-bas, et il vit aussi un chandelier d'argent et de même il montrait la terre et ensuite le chandelier comme s'il y avait aussi de l'argent. On leur montra un perroquet gris que le commandant a apporté, ils le saisirent aussitôt et désignèrent la terre, comme pour indiquer qu'il y en avait là-bas. On leur montra un mouton, ils n'en firent nul cas. On leur montra une poule, ils en avaient presque peur et ne voulaient pas en approcher la main, puis ils la prirent, manifestement stupéfaits. On leur donna à manger du pain et du poisson cuit, des confiseries, des gâteaux aux épices, du miel et des figues sèches, ils ne voulurent presque rien avaler de tout cela, et s'ils goûtaient quelque chose, ils le jetaient aussitôt ; on leur apporta du vin dans une coupe, ils y trempèrent à peine les lèvres, mais cela ne fut pas de leur goût et ils n'en voulurent plus ; on leur apporta de l'eau dans un hanap, ils en prirent chacun une gorgée et n'en burent pas ; ils se rincèrent seulement la bouche et la recrachèrent. L'un d'eux vit les grains blancs d'un chapelet, il demanda par gestes qu'on le lui donnât, s'en amusa fort, le mit à son cou et puis l'ôta et en entoura son bras : et il désignait la terre et puis les perles et le collier du commandant, semblant dire qu'ils donneraient de l'or en échange. C'est là ce que nous comprenions car tel était notre désir. Mais s'il voulait dire qu'il aurait aimé emporter le chapelet et aussi le collier, nous ne voulions rien entendre car nous n'allions pas lui en faire présent ; ensuite il rendit le chapelet à celui qui le lui avait donné.

Danse avec les sauvages

Nous parcourûmes les lieux, examinant cette rivière qui a une eau très abondante et très bonne ; tout au long des berges se trouvent de nombreux palmiers pas très hauts dont les cœurs sont excellents ; nous en cueillîmes et nous en mangeâmes beaucoup. Alors le commandant s'en retourna vers l'embouchure où nous avions débarqué ; sur l'autre rive beaucoup d'indigènes étaient en train de danser et de se divertir les uns en face des autres sans se prendre par la main et ils faisaient cela à merveille. Diogo Dias, l'ancien intendant de Sacavém, qui est un plaisant boute-en-train, traversa alors le fleuve, emmenant avec lui un de nos cornemuseux avec son instrument, et il se mit à danser avec eux en les prenant par la main et eux s'amusaient et riaient et le suivaient fort bien au son de la cornemuse.

Quand ils eurent dansé, il exécuta devant eux à même le sol force entrechats et un saut périlleux, ce dont ils s'étonnaient, riaient et s'amusaient fort ; et bien que ce faisant il les eût grandement rassurés et amadoués, ils s'effarouchaient bien vite comme encore sauvages et ils furent vers l'amont. Alors le commandant traversa le fleuve avec nous tous et nous suivîmes le rivage tandis que des chaloupes en même temps longeaient la côte ; nous atteignîmes ainsi une grande lagune d'eau douce qui se trouve au bord de la grève car toute la partie de ce rivage n'est qu'un marécage et les sources y sont nombreuses ; et lorsque nous eûmes traversé le fleuve, quelque sept ou huit indigènes allèrent se mêler aux matelots qui regagnaient les chaloupes et ils ramenèrent un requin que Bartolomeu Dias tua et leur donna, le lançant sur la plage. Bref, jusqu'alors, encore qu'ils fussent quelque peu apprivoisés, tout à coup d'un instant à l'autre ils se sauvaient comme des moineaux devant un gluau [1] ; on n'ose donc pas

1. *Gluau* : branche enduite de glue servant à prendre les petits oiseaux.

leur parler trop fort de peur qu'ils ne se sauvent et tout se passe à leur gré car nous voulons qu'ils soient bien apprivoisés. Le vieillard à qui le commandant avait parlé avait reçu de lui un bonnet rouge et malgré tous les propos échangés et le bonnet qu'on lui avait donné, il ne nous eut pas plutôt quittés qu'il se mit en devoir de passer le fleuve ; il se tint dès lors sur la réserve, et ne voulut plus rejoindre la rive où nous étions. Les deux autres que le commandant avait accueillis à son bord et à qui il avait donné ce qui a été dit, jamais plus ne se montrèrent ; j'en déduis qu'ils sont frustes et ignorants, c'est pourquoi ils sont aussi farouches. Mais néanmoins ils sont très soignés et très propres, en quoi il me semble plus encore qu'ils sont pareils aux oiseaux ou aux animaux sauvages à qui le grand air donne de plus belles plumes et un plus beau poil qu'aux animaux domestiques ; leurs corps sont en effet aussi nets, aussi forts et aussi beaux que possible, ce qui me fait supposer qu'ils n'ont ni maison ni logis où se retirer et que c'est l'air libre où ils vivent qui les rend ainsi.

André Thevet
Les Singularités de la France Antarctique autrement nommée Amérique (1557)

André Thevet est l'ennemi juré de Jean de Léry. Il a lui aussi accompagné Villegagnon au Brésil en 1555 mais dans un voyage beaucoup plus bref et Jean de Léry lui reproche de n'avoir rien vu et d'avoir inventé ce qu'il raconte. Au-delà de la polémique, il est frappant de constater qu'on a affaire à deux façons d'écrire le récit de voyage. Si Jean de Léry fait primer l'observation directe et le récit de l'expérience vécue, André Thevet au contraire tente systématiquement de mettre en rapport les « singularités » observées, les nouveautés, avec la culture antique qui fait autorité. La page que nous présentons témoigne bien de cette mise en relation de l'inconnu avec le connu, et de la projection des mythes européens sur les nouvelles contrées découvertes puisqu'il croit à l'existence en Amérique des créatures de la mythologie grecque appelées Amazones. On connaît la fortune de ce mythe : le plus grand fleuve du monde rencontré par les conquistadors sur ce continent s'appelle aujourd'hui encore l'Amazone.

Chapitre LVIII
Abordement de quelques Espagnols en une contrée où ils trouvèrent des Amazones

Ces Espagnols firent de si bonnes journées qu'ils arrivèrent en une contrée où il se trouva des Amazones ; ce que l'on n'eût jamais cru parce que les historiographes n'en ont fait aucune mention, faute d'avoir eu la connaissance de ces pays récemment trouvés. Quelques-uns pourraient dire que ce ne sont des Amazones, mais quant à moi, je les crois telles, attendu qu'elles vivent tout ainsi que nous trouvons avoir vécu les Amazones de l'Asie. [...]

En cette contrée elles sont séparées d'avec les hommes et ne les fréquentent que bien rarement, comme quelquefois en secret la nuit ou à quelque autre heure déterminée. Ce peuple habite en petites logettes et cavernes contre les rochers, vivant de poisson ou de quelques sauvagines [1], de racines et quelques bons fruits que porte ce terroir. Elles tuent leurs enfants mâles, immédiatement après les avoir mis sur terre ; ou bien elles les remettent entre les mains de celui à qui elles pensent qu'il appartient. Si c'est une femelle, elles la retiennent à elles, tout ainsi que faisaient les premières Amazones.

Elles font guerre ordinairement contre quelques autres nations, et traitent fort inhumainement ceux qu'elles peuvent prendre en guerre. Pour les faire mourir elles les pendent par une jambe à quelque haute branche d'un arbre ; après l'avoir laissé ainsi quelque espace de temps, quand elles y retournent, si par hasard il n'est pas trépassé, elles tireront dix mille coups de flèches ; et elles ne le mangent comme les autres sauvages, mais le passent par le feu, si bien qu'il est réduit en cendres. De plus, ces femmes pour combattre, jettent d'horribles et étonnants cris pour épouvanter leurs ennemis. [...]

Nous avons commencé à dire comment nos pèlerins n'avaient séjourné que bien peu, pour se reposer seulement et se procurer quelques vivres ; parce que ces femmes, comme tout étonnées de les voir en cet équipage qui leur était fort étranger, s'assemblent immédiatement de dix à douze mille en moins de trois heures, filles et femmes toutes nues, mais l'arc au poing et la flèche, commençant à hurler comme

1. *Sauvagines* : bêtes sauvages.

si elles eussent vu leurs ennemis ; et cette partie de plaisir ne se termina sans quelques flèches tirées ; à quoi les autres ne voulant faire résistance, immédiatement se retirèrent sans dommage. Et de lever ancres et de déplier voiles. Il est vrai qu'à leur départ, disant adieu, ils les saluèrent de quelques coups de canon ; et femmes en déroute ! Toutefois il n'est pas vraisemblable qu'elles se soient aisément sauvées sans en sentir quelque autre chose.

Montaigne
Les Essais
(1595)

Michel de Montaigne (1533-1592) est un des plus grands écrivains de la Renaissance française. Il manifeste dans ses *Essais* une liberté d'esprit et une finesse de raisonnement qui ont rendu ces textes très célèbres... mais aussi très difficiles pour de jeunes lecteurs. Espérons que la lecture de Jean de Léry aura rendu déjà familières les notions que Montaigne utilise. On retrouve en effet ici cette réflexion sur la barbarie et sur la sauvagerie qui aboutit à affirmer la relativité des cultures (c'est-à-dire qu'une culture en vaut une autre) et la supériorité d'un seul instrument d'évaluation : la raison. Seul l'homme raisonnable, le philosophe, peut à la fois s'émerveiller de la pureté de mœurs des Indiens et condamner leur cannibalisme. Au lieu de cela, la plupart des contemporains de Montaigne paraissent mépriser la simplicité des Indiens et ne pas voir qu'ils font preuve d'une cruauté souvent supérieure.

Des Cannibales (I, 31)
(1580)

Or je trouve, pour revenir à mon propos, qu'il n'y a rien de barbare et de sauvage en cette nation, à ce qu'on m'en a rapporté, sinon que chacun appelle barbarie ce qui n'est pas de son usage ; comme vraiment il semble que nous n'avons autre étalon [1] de la vérité et de la raison que l'exemple et l'idée des opinions et coutumes du pays où nous sommes. Là est toujours la parfaite religion, le parfait mode de gouver-

1. *Étalon* : instrument de mesure qui consiste en une représentation concrète de cette mesure.

nement, est parfait et accompli l'usage de toutes choses. Ils sont sauvages, de même que nous appelons sauvages les fruits que nature, d'elle-même et de sa marche ordinaire, a produits : là où à la vérité, ce sont ceux que nous avons altérés par notre art et détournés de l'ordre commun, que nous devrions plutôt appeler sauvages. En ceux-là sont vives et vigoureuses les vraies, et les plus utiles vertus et propriétés naturelles, que nous avons abâtardies en ceux-ci, et nous les avons seulement accommodées au plaisir de notre goût corrompu. [...]

Ces nations me semblent donc ainsi barbares pour avoir reçu fort peu de façon de l'esprit humain, et être encore fort voisines de leur naturel originel. Les lois naturelles leur commandent encore, fort peu abâtardies par les nôtres ; mais c'est en telle pureté, qu'il me prend quelquefois déplaisir que la connaissance n'en soit venue plus tôt, du temps où il y avait des hommes qui en eussent su mieux juger que nous. Il me déplaît que Lycurgue et Platon [1] ne l'aient eue ; car il me semble que ce que nous voyons par expérience en ces nations-là, surpasse, non seulement toutes les peintures par lesquelles la poésie a embelli l'âge d'or [2], et toutes ses inventions à imaginer une heureuse condition d'hommes, mais encore la conception et le désir même de la philosophie. Ils n'ont pu imaginer un naturel si pur et si simple, comme nous le voyons par expérience ; et ils n'ont pu croire que notre société se puisse maintenir avec si peu d'art et de tromperie humaine. C'est une nation, dirai-je à Platon, en laquelle il n'y a nulle espèce de commerce ; nulle connaissance des lettres ; nulle science des nombres ; nul nom de magistrat, ni de

1. *Lycurgue et Platon* : sages de l'Antiquité grecque.
2. *Âge d'or* : mythe grec exposé par le poète Hésiode qui racontait qu'au commencement l'humanité vivait comme les dieux, sans soucis, sans connaître la vieillesse, sans travailler.

supériorité politique ; nul usage de domesticité, de richesse ou de pauvreté ; nuls contrats ; nulles successions ; nuls partages ; nulles occupations sinon de loisir ; nul respect de parenté que celui de la communauté ; nuls vêtements ; nulle agriculture ; nul métal ; nul usage de vin ou de blé. Les paroles mêmes qui signifient le mensonge, la trahison, la dissimulation, l'avarice, l'envie, la médisance, le pardon, sont inconnues. [...] Au demeurant, ils vivent en une contrée très plaisante et bien tempérée ; de façon qu'à ce que m'ont dit les témoins, il est rare d'y voir un homme malade ; [...]

C'est une chose stupéfiante que la fermeté de leurs combats, qui ne finissent jamais que par meurtre et effusion de sang ; car la déroute et la peur, ils ne savent ce que c'est. Chacun rapporte pour son trophée la tête de l'ennemi qu'il a tué, et l'attache à l'entrée de son logis. Après avoir longtemps bien traité leurs prisonniers, et selon toutes les commodités possibles, celui qui en est le maître, fait une grande assemblée de ses connaissances : il attache une corde à l'un des bras du prisonnier, par le bout de laquelle il le tient, éloigné de quelques pas, de peur d'en être blessé, et donne au plus cher de ses amis l'autre bras à tenir de même ; et eux deux, en présence de toute l'assemblée, l'assomment à coups d'épée. Cela fait, ils le rôtissent et en mangent en commun et en envoient des lopins à ceux de leurs amis qui sont absents. Ce n'est pas, comme on pense, pour s'en nourrir, ainsi que faisaient anciennement les Scythes : c'est pour représenter une extrême vengeance. Et à preuve, s'étant aperçu que les Portugais, qui s'étaient ralliés à leurs adversaires, usaient d'une autre sorte de mort contre eux, quand ils les prenaient, qui était de les enterrer jusqu'à la ceinture, et de tirer sur le reste du corps force coups de flèches, et de les pendre après, ils pensèrent que ces gens ici de l'autre monde, en hommes qui avaient semé la connaissance de beaucoup de vices parmi leur voisinage, et qui étaient beaucoup plus grands maîtres qu'eux en toutes sortes de malice, ne prenaient pas sans cause cette sorte de vengeance et qu'elle devait être plus aigre que la leur, et commencèrent de quitter leur façon ancienne pour suivre celle-ci. Je ne suis pas marri [1] que nous remarquions l'horreur barbare qu'il y a en une telle action, mais certes bien de quoi, jugeant bien de leurs fautes, nous soyons si aveuglés aux nôtres. Je pense qu'il y a plus de barbarie à manger un homme vivant qu'à le manger mort, à déchirer par tourments et tortures, un corps plein de sentiment, le faire rôtir par le menu, le faire mordre et meurtrir par les chiens et les pourceaux (comme nous l'avons, non seulement lu, mais vu de fraîche mémoire, non entre des ennemis anciens, mais entre des voisins et concitoyens, et, qui pis est, sous prétexte de piété et de religion [2]), que de le rôtir et manger après qu'il est trépassé. [...] Nous les pouvons donc bien appeler barbares, eu égard aux règles de la raison, mais non pas eu égard à nous, qui les surpassons en toute sorte de barbarie.

1. *Marri* : fâché.
2. Allusion aux cruautés faites par les Espagnols en Amérique qui avaient été racontées par Las Casas et aux cruautés des guerres de religion racontées par Jean de Léry.

Des Coches (III, 6)
(1588)

Combien il eût été aisé de faire son profit d'âmes si neuves, si affamées d'apprentissage, ayant pour la plupart de si beaux commencements naturels ! Au rebours, nous nous sommes servis de leur ignorance et inexpérience à les plier plus facilement vers la trahison, la luxure et la cupidité et vers toutes sortes d'inhumanité et de cruauté, à l'exemple et sur le modèle de nos mœurs. Qui mit jamais tel prix au service des marchés et du commerce ? Tant de villes rasées, tant de nations exterminées, tant de millions de peuples passés au fil de l'épée, et la plus riche et la plus belle partie du monde bouleversée pour le négoce des perles et du poivre : méprisables victoires !

INDEX

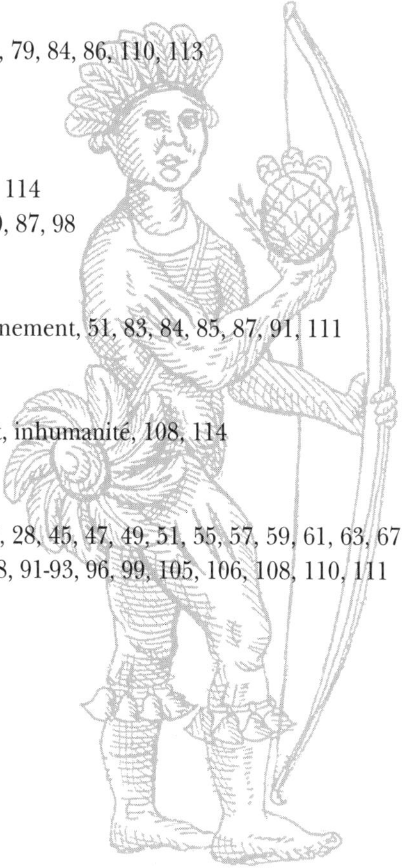

À vous de jouer

Pourquoi voyager ?

Relier chaque voyageur aux motifs qui le poussent à voyager.

A Léry

B Les marchands

C Colomb, Cabral

D Villegagnon

1 Créer un refuge pour les protestants

2 La curiosité du Nouveau Monde

3 Rapporter du bois, des épices, des oiseaux rares

4 Découvrir de nouvelles terres

5 Trouver de l'or

6 Découvrir des peuples à convertir

La découverte du Nouveau Monde

Dans la liste suivante dites ce qui, dans le livre, appartient à l'Europe et ce qui appartient au Brésil, en indiquant E pour Europe, B pour Brésil :

A Vin .... E

B Ananas .... B

C Grande Ourse .... E

D Manioc .... B

E Vêtements .... E

F Fertilité permanente B

G Croix du Sud .... B

H Pain .... E

I Tabac .... B

J Perroquets .... B

K Hiver stérile .... E

L Nudité .... B

Que troquent-ils ?

Dans la liste suivante dites ce que, dans le livre, l'Europe donne et ce que le Brésil donne, en indiquant E pour Europe, B pour Brésil :

A Bois ....

B Guenons ....

C Nourriture ....

D Miroirs ....

E Vêtements ....

F Coton ....

G Poivre long ....

Les mots et l'Histoire

Pour prendre possession du Nouveau Monde, on le nomme. Expliquez l'origine des mots :

A Le Brésil ....

B L'Amérique ....

C L'Antarctique ....

D L'Amazone ....

E Les Indiens ....

La violence

1 Qui se bat contre qui ?

Relier les peuples de la première colonne avec leurs ennemis de la seconde colonne :

A Margajas	1 Margajas
B Toüoupinambaoults	2 Toüoupinambaoults
C Ouetacas	3 Ouetacas
D Français	4 Français
E Espagnols	5 Espagnols
F Portugais	6 Portugais

2 Qui sont les plus violents ?

Pour chaque acte violent mentionné dites qui le commet en indiquant B pour les Brésiliens, E pour les Européens :

A Piraterie : ....

B Anthropophagie : ....

C Guerre contre d'autres peuples : ....

D Guerre civile : ....

Qu'est-ce que la sauvagerie ?

1 Le mot sauvage peut avoir deux sens différents :

1 Qui est à l'état de nature.

2 Qui est d'une cruauté inhumaine.

Dans les expressions suivantes dites lequel de ces deux sens domine :

A « Qu'on n'abhorre plus tant désormais la cruauté des sauvages anthropophages, c'est-à-dire, mangeurs d'hommes » ....

B « Les robes sur robes et autres infinies bagatelles avec lesquelles les femmes et les filles de chez nous se déguisent [...] sont sans comparaison, cause de plus de maux que n'est la nudité habituelle des femmes sauvages » ....

2 Choisissez pour chacun :

1 Un synonyme qui lui convient :

a. indigènes

b. barbares

2 Un antonyme qui lui correspond :

c. humain

d. civilisé

Mots croisés marins

Horizontalement :

A Instrument qui dirige le bateau.

B Se repère aux étoiles pour diriger le bateau.

C Écumeur de mer.

D Terme soutenu synonyme de bateau.

Verticalement :

1 Aiguille marine.

2 Pont du bateau.

3 Instrument qui permet de se repérer en mesurant les angles.

À travers le monde

Placer sur la carte de la page 32-33 :

A Les Canaries

B Rio de Janeiro

C Tropique du Capricorne

D Équateur

La violence

1 A 2-4/ B 1-3-5-6/ C 1-2-4-5-6/ D 1-3-5-6/ E 2-3-4-6/ F 2-3-4-5

2 A E/ B B E/ C B E/ D E

Qu'est-ce que la sauvagerie ?

1 A 2 / B 1

2 1 A autochtone / B sauvage
2 A impitoyable / B barbare

Mots croisés marins

A	Gouvernail	1 Boussole
B	Pilote	2 Tillac
C	Pirate	3 Astrolabe
D	Vaisseau	

Solutions

Pourquoi voyager ?

A 2/B 3/ C 4-5-6/ D 1-6

La découverte du Nouveau Monde

A E/ B B/ C E/ D B/ E E/ F B/ G B/ H E/
I B/ J B/ K E/L B

Que troquent-ils ?

A B/ B B/ C B/ D E/ E E/ F B/G B

Les mots et l'Histoire

A Le nom Brésil vient de l'arbre pau brasil.

B Le nom Amérique vient du découvreur Amerigo Vespucci.

C L'Antarctique est l'opposé de l'Arctique du grec *arktos,* ours, car il est caractérisé par la présence de la Grande et la Petite Ourse.

D L'Amazone tire son nom des femmes guerrières mythiques Amazones, censées peupler cette région.

E Les Américains s'appellent Indiens car Christophe Colomb croyait arriver en Inde.

GF Flammarion

00/01/76516-I-2000 – Impr. MAURY Eurolivres, 45300 Manchecourt.
N° d'édition FG207705. – mars 1998. – Printed in France.

DERNIÈRES PARUTIONS

APULÉE
Amour et Psyché (2073)

LA BELLE ET LA BÊTE (2090)

ROBERT DE BORON
Merlin (2080)

BRADBURY
L'Heure H et autres nouvelles (2050)

CARROLL
Alice au pays des merveilles (2075)

CHEDID
L'Enfant des manèges (2070)

CHRÉTIEN DE TROYES
Yvain ou le chevalier au lion (2066)

DAUDET
Lettres de mon moulin (2068)

CONAN DOYLE
Le Dernier Problème. La Maison vide (2064)
Trois Aventures de Sherlock Holmes (2037)

DUMAS
Le Comte de Monte-Cristo (2085-2086)

FABLIAUX DU MOYEN ÂGE (2071)

FLAUBERT
Un cœur simple (2047)

GRIMM
Le Petit Chaperon rouge et autres contes (2098)

HISTOIRE D'ABRAHAM (2102)

HISTOIRE DE MOÏSE (2076)

HOFFMANN
L'Enfant étranger (2067)
Le Violon de Crémone. Les Mines de Falun (2036)

HUGO
Le Dernier Jour d'un condamné (2074)
Les Misérables (2096-2097)
Poésies II : de Napoléon Ier à Napoléon III (2041)

JARRY
Ubu Roi

KAFKA
La Métamorphose (2083)

LA FONTAINE
Fables (2051)

LOTI
Le Roman d'un enfant (2094)

MAUPASSANT
Boule de suif (2087)

MOLIÈRE
George Dandin (2060)
Le Médecin malgré lui (2089)

MONTESQUIEU
Lettres persanes (2095)

MUSSET
On ne badine pas avec l'amour (2100)

PERRAULT
Contes (2065)

POE
Le Chat noir et autres contes fantastiques (2069)

POÈMES DE LA RENAISSANCE (2072)

POUCHKINE
La Dame de pique et autres nouvelles (2019)

RABELAIS
Pantagruel (2052)

RACONTER, SÉDUIRE, CONVAINCRE
Lettres des XVIIe et XVIIIe siècles (2079)

RÉCITS DE VOYAGE I
Le Nouveau Monde (2077)

RÉCITS DE VOYAGE II
Marco Polo, Les Merveilles de l'Orient (2081)

ROSNY AÎNÉ
La Mort de la terre (2063)

SAND
Les Ailes de courage (2062)

STENDHAL
Vanina Vanini. Le Coffre et le Revenant (2044)

STEVENSON
Le Cas étrange du Dr Jekyll et de M. Hyde (2084)
L'île au trésor (2091)

TITE-LIVE
La Fondation de Rome (2093)

TROYAT
Viou (2038)

VALLÈS
L'Enfant (2082)

VERNE
Le Humbug. Frritt-Flacc (2035)

VOLTAIRE
Candide (2078)